왜, 회계를 알면 모든 업무가 쉬워질까

공무원이여
회계하자

왜, 회계를 알면 모든 업무가 쉬워질까

공무원이여
회계하자

초판 1쇄 인쇄 2023년 4월 28일
초판 4쇄 발행 2024년 1월 31일

지은이 서은희
감 수 최기웅

펴낸이 강기원
펴낸곳 도서출판 이비컴

디자인 언언
마케팅 박선왜

주 소 서울시 동대문구 고산자로 34길 70, B동 431호
전 화 02)2254-0658 팩 스 02-2254-0634
메 일 bookbee@naver.com
출판등록 2002년 4월 2일 제6-0596호
I S B N 978-89-6245-209-9 13320

ⓒ 서은희, 2023, 2024

왜, 회계를 알면 모든 업무가 쉬워질까

공무원이여
회계하자

서은희 지음 · 최기웅 감수

나를 넘어서는 힘

이비락樂

차 례

3장 사례로 기억하면 회계가 쉽다

4장 회계와 함께 성장하자

부록

1.

스물여섯 살에 시작한 첫 직업이 공무원입니다. 알바를 제외하곤 첫 직장이라 실수도 많았습니다. 회계를 전공하지 않았지만 공무원 생활 대부분 회계업무를 했습니다. 회계를 만난 순간은 운명이라는 생각마저 들었습니다. 하지만 회계 업무를 만나 일할 맛을 느끼기까지 숱한 방황의 시기를 보내기도 했는데요. 부모님 강요에 의해 선택한 직업이 아니라 제가 선택한 직업이었는데도 3년 차까지는 그만두고 싶었습니다.

5년 차까지는 일도 관계도 힘들었습니다. 잘하는 것 없고 부족한 것 투성이어서 한낱 미생 같았던 제가 어느덧 회계 전문가라 불리며 4년째 회계 강의를 하고 있습니다. 회계과에 근무하며 어깨높이보다 더 높이 쌓여가던 지출 서류들을 처리하던 시절은 이제 추억처럼 회상하게 되었습니다.

이 책은 제가 경험하며 배우고 익혔던 내용을 토대로 구성한 책입니다. 전국의 모든 공무원에게 도움이 되면 좋겠지만, 그중에서도 지방자치단체 근무 직원, 공공기관 회계 업무가 궁금하신 분, 앞으로 회계 업무를 해보고 싶은 분들에게 도움이 될 만한 내용을 담았습니다. 시청 회계과 경리팀 지출담당자, 읍회계, 면회계, 재단 파견 자리를 두루 거치며 많은 질문을 받았습니다. 질문을 통해 직원들이 어떤 것들을 궁금해하고 헷갈려하는지 알게 되었습니다.

회계과 지출담당자였을 때는 화장실을 다녀오면 내부 메신저 쪽지로 질문이 10개씩 쌓여있곤 했습니다. 질문 답장도 저의 업무라 생각하고 하나씩 근거를 찾아가며 놓치지 않고 응답해 주려고 노력했습니다. 쪽지의 양이 점점 많아지고 같은 답변을 해 주는 횟수가 늘어나면서 비슷한 질문을 모아 회계 교육을 해 보기로 했습니다. 출발은 순전히 반복해서 답변하지 않으려는 저 자신을 위함이었고, 일부는 사후 대처보다는 사고방지를 위해 사전 교육이 필요하겠다는 생각이 들어서였습니다. 그런데 읍면동 회계담당자와 본청 회계담당자를 대상으로 처음 시도해 본 회계 교육에서 전혀 예상치 못한 피드백을 받았습니다.

회계 교육 중 앞에서 빵 터지며 웃는 직원들에게 강의 후 왜 그렇게 웃었냐고 물어봤습니다. 업무추진비나 사무관리비를 사용할 때 자신들이 자주 고민했던 애매한 상황들을 사례로 들어주며 미처 생각지 못한 방법으로 해결책을 제시해줘서 흥미로웠다고 합니다. 게다가 상사의 기분을 상하지 않게 하면서도 정확한 근거를 제시해 주는 부분이 와 닿아서 웃음이 절로 났다고 했습니다.

회계담당자는 같은 고민을 하고 있구나 하는 생각이 들었습니다.

회계 교육 자료를 만들고 준비하는 과정이 버겁기는 했지만, 누군가에게는 꼭 필요한 공감의 자리겠다 싶었습니다.

2.

이 책은 그동안 강의해 온 내용을 바탕으로 회계 업무를 한 번도 해 본 적 없는 신입 공직자가 이해할 수 있도록 최대한 쉽게 구성해 보았습니다. 1장에서는 회계를 알면 왜 모든 업무가 쉬워지는지 그 이유에 대해 설명했습니다.

2장에서는 헷갈리는 회계 용어를 비교하며 이해할 수 있도록 구성해 보았습니다. 3장은 회계 사례를 담았습니다. 제가 경험한 사례를 통해 실무에서 궁금해할 만한 상황을 예시로 설명했습니다. 4장은 공직사회에서 회계와 함께 성장하는 법에 대한 몇 가지 팁을 에세이식으로 담았습니다.

이 책은 딱딱한 회계 기본서나 업무 지침서라기보다 술술 읽힐 수 있도록 스토리에 집중했습니다. 회계 업무를 한 번도 해 본적이 없거나 전혀 모르는 분도 이 책을 읽고 난 후에는 '아~ 그거 들어봤었지' 하는 생각이 들도록 쉽게 쓰려고 노력했습니다.

3.

얼마 전 신규 공무원 회계 교육에서 받은 피드백 중 기억에 남는 문장이 있습니다.

"회계 용어를 #태그처럼 쉽게 알려줘서 이해하기가 쉬웠다."

짧은 한 문장이 교육 후 피로를 말끔히 잊게 해 주었습니다. 자료를 쉽게 설명하려고 준비했는데 역시 쉽게 설명하려는 저의 노력이 틀리지 않았구나 하는 생각에 뿌듯했습니다. 업무를 해결한 후 느끼는 만족감과는 조금 다른 뿌듯함이었습니다. 앞으로도 업무에 큰 지장을 주지 않는다면 정성스럽게 자료를 준비해 대접해 드린다는 마음으로 강의를 이어가야겠다는 생각이 들었습니다.

공무원을 위한 회계 책을 내겠다고 기획한 후부터는 제 개인 블로그에도 회계 관련 글을 올리고 있습니다. 블로그에서 받은 댓글 중에는 이 글이 기억에 남습니다.

"이제 막 회계 업무를 맡게 된 1주일 차 읍면동 직원입니다. 민원대에서 2년을 보내고 갑작스레 회계를 맡게 되었는데 너무 막막해서 눈물이 나더라고요. 인계인수하면서도 빨리 알아듣지 못하는 저 자신이 한심하게도 느껴지고 막막함에 검색하다 블로그를 방문하게 되었습니다. 찬찬히 글을 읽으면서 조금씩 마음에 위안을 얻고 조급함이 사라짐을 느끼는 중입니다. 정말 감사합니다."

저도 민원대에서 2년을, 아니 그 이상을 보냈습니다. 갑작스럽게 회계 업무를 맡게 되었을 때의 막막함 때문에 눈물이 나올만한 상황이 이해되었습니다. 블로그에 올린 회계 글을 읽고 조급함이 사라지고 마음에 위안을 얻었다니 제가 더 기뻤습니다.

4.

이 책의 처음 제목은 '정서기, 회계에 눈뜨다'였습니다. 책을 출간하게 된 이유가 저의 팀원이었던 정서기 말 한마디였기 때문입니다. 출장 다녀오는 차 안에서 정서기가 이렇게 말했습니다.(서기 = 8급)

  "팀장님~. 팀장님이 지금까지 해주신 이야기들로 책 내시면 저 살 것 같아요."

제가 신규 직원일 때 실수한 이야기, 회계 업무를 만나게 되기까지 과정을 이야기하고 있었는데 별안간 책이라니요. 책을 쓰겠다고 말한 적도 없었는데 말이죠. 출장갔다가 돌아오는 차 안에서 정서기와 나누었던 이야기 덕분에 여기까지 오게 되었습니다.

막상 이 책을 세상에 내보내려고 하니 걱정이 앞섭니다. 우선 제가 과연 공무원 회계 책을 쓸만한 사람인가 하는 두려움이 앞섭니다. 글이라는 것이 그 사람을 드러내 주다 보니 발가벗겨지는 기분에 부끄러운 생각도 듭니다.

그럼에도 부디 이 책이 세상에 나가 제 역할을 잘 감당할 수 있기를 바랍니다. 제가 회계를 처음 만나 막막했던 그 시절처럼 혼돈

의 시기를 지나고 있을 전국의 모든 정서기에게 도움이 될 수 있기
를 진심으로 바라는 마음입니다.

2023. 4월

어쩌다 회계, 아무튼 회계

서은희

1장

왜 회계를
알아야 할까?

"왜 일하는지 아는 사람은 결코 흔들리지 않는다."

『인사의 다섯가지 시선』 조은미, 바이북스

1. 회계를 알면 예산서가 보인다

예산서는 1년 동안 돈이 쓰일 내용을 미리 설정해 놓은 계획서입니다. 가정에서 쓸 돈을 계획해 놓는 장부가 가계부라면, 예산서는 공공기관의 가계부입니다. 예산서는 보기 좋게 표로 구성되어 있습니다.

세 출 예 산 사 업 명 세 서

202X년도 본예산 일반회계

부서: XX면
정책: XX면 사업경비
단위: 주민행정 편의도모 (단위:천원)

부서 · 정책 · 단위(회계) · 세부사업 · 편성목	예산액	전년도 예산액	비교증감
XX면	1,551,869	1,615,910	△64,041
XX면 사업경비	1,469,379	1,538,450	△69,071
주민행정 편의도모	482,965	485,228	△2,263
청사관리	185,655	185,398	257
201 일반운영비	175,655	175,898	△243
01 사무관리비	54,950	56,612	△1,662
○청사관리 소규모 용역 2,237,000원*12월	26,844		
○민원실 운영 1,600,000원*12월	19,200		
○재해재난 대응 6,800,000원	6,800		
○청사용 종량제봉투 구입 1,350원*130장*12월	2,106		
02 공공운영비	120,705	119,286	1,419
○청사유지관리비	99,027		
ㅇ청사 전기요금 6,500,000원*12월	78,000		
ㅇ공공요금 및 제세 1,502,200원*12월	18,027		
ㅇ청사 소규모 수리비 3,000,000원	3,000		
○우편요금	21,678		
ㅇ등기우편 2,530원*6,950통	17,584		
ㅇ일반우편 430원*4,880통	2,099		
ㅇ반송료 2,100원*950통	1,995		

(출처: 이호조 예산서 - 경기도 ○○시)

위 예산서 표 제목에 보이는 것처럼 예산은 6개 칸으로 표현할 수 있습니다.

부서 – 정책 – 단위 – 세부사업 – 편성목 – 통계목으로요.

통계목이라는 단어는 표 제목에는 따로 보이지 않지만 아래 쪽 내용에 있는 '01 사무관리비'가 통계목입니다. 6칸 중 가장 마지막 단위인 '통계목'인 사무관리비, 공공운영비 등은 2~3장에서 자세히 설명하겠습니다. 가장 작은 단위인 통계목을 알아 두는 것이 실무에서는 가장 도움되니까요.

회계를 아는 사람은 예산을 안다

회계는 크게 보면 예산, 계약, 지출을 모두 포함합니다. 이 책에서 말하는 '회계'라는 용어는 예산을 집행하는 지출 분야에 한정하여 설명합니다. 예산은 재정계획입니다. 시청으로 보자면 예산업무를 하는 예산법무과가 있고 회계 업무를 하는 회계과가 있습니다. 그렇다면

예산법무과가 더 중요할까요?

회계과가 더 중요할까요?

예산이 더 중요할까요?

회계가 더 중요할까요?

직업에 귀천이 없는 것처럼 업무에도 덜 중요하고 더 중요한 업무는 없습니다. 하지만 개인적으로 저는 회계보다 예산이 더 중요하다고 생각합니다. 저는 회계 마니아입니다. 회계 덕후이기도 하고요. 그렇지만 회계보다 예산이 더 중요하다고 생각합니다.

왜냐하면 자금을 집행하는 회계보다 예산을 통계목에 맞게 잘 세워놓는 첫 단추가 더 중요하다고 생각하기 때문입니다. 첫 단추가 예산입니다. 예산 목적에 맞게 용도를 제대로 설정해 놓아야 지출을 잘 할 수 있습니다.

회계 교육을 할 때면 회계보다 예산이 더 중요하다고 말하곤 합니다. 예산 교육이 아닌 회계 교육인데도 말이죠.

회계를 만나기 전 예산을 만나다

회계 담당자는 자금을 집행하는 사람입니다. 자금을 집행하는 사람이라면 통계목에 맞게 잘 세워졌는지 꼼꼼하게 따지고 들어가야 올바른 집행을 할 수 있습니다. 회계를 아는 사람이라면 예산 공부는 자연스럽게 하게 됩니다. 회계 담당자에게 예산 공부가 필요하다고 말하지 않아도 예산이 궁금해지는 순간이 옵니다. 여기서 말하는 예산 공부란 통계목의 특징을 구별하는 법을 의미합니다.

예산법무과에서 예산을 다루는 담당자라면 예산만 잘 짜면 되기 때문에 굳이 회계 집행이 어떻게 되고, 어떤 서류를 첨부해서 지출되는지에 대한 고민은 할 필요가 없을 수도 있습니다.

예전 선배들은 후배들에게 읍면동사무소 회계 담당자는 꼭 한 번 해 보라고 말하곤 했습니다. 읍면동사무소 회계 담당자라면 예산을 편성하고, 회계 처리도 하면서 양쪽을 다 공부하게 되어 있다는 것을 염두에 두고 하신 말씀이었으리라 짐작합니다.

시청에도 회계 담당자가 있고, 읍면동사무소에도 회계 담당자가 있습니다. 진짜 회계 업무를 접해 보고 싶다면 읍면동사무소 회계를 추천합니다. 청사 관리에서 공사계약까지 시청 회계 담당자보다 훨씬 다채로운 경험을 할 수 있기 때문입니다.

물론 일 처리에 급급해서 그때그때 필요한 업무만 하다 보면 크게 남지 않는 업무일 수도 있지만 회계 담당자로서 고민하지 않고 급한 일만 처리해 나가기도 쉽지 않습니다. 또한 직원들이 회계 담당자에게 많은 질문을 하기 때문에 사소한 질문들에 답변을 해 주다 보면 회계 공부를 저절로 하게 됩니다.

예산서를 보는 능력이 키워진다

예산서를 보는 능력은 업무의 기본입니다. 회계 담당자든 아니든 꼭 필요한 능력입니다. 능력이라고까지 말할 필요가 없을 수도 있지만 그래도 꼭 능력이라고 생각해 줬으면 좋겠습니다.

예산서는 '이호조 프로그램(지방자치단체 재정 관리 시스템)'에서 바로 출력됩니다. 막상 부서 예산서를 출력해보면 몇 장 되지 않습니다. 하지만 내 업무와 관련한 예산뿐 아니라 우리 부서 전체 예산까지 알 수 있도록 예산서를 가까운 곳에 출력해 놓는 것이 좋습니다. 예산서를 자주 들여다보는 습관을 갖게 되면 어려운 용어들로 낯설게 보이는 예산서 문턱이 조금씩 낮아지는 경험을 하게 됩니다.

2. 회계를 알면 행사가 그려진다

행사 담당자가 된다면

시청, 읍면동 할 것 없이 많은 부서에서 행사를 계획하게 됩니다. 문화예술과는 기본이고 교육·청소년과, 여성가족과, 아동·보육과, 자치행정과 등에서 각종 행사를 주최합니다.

작은 행사까지 포함한다면 읍면동사무소를 포함한 거의 모든 부서가 행사와 관련되어 있습니다.

공무원이 행사를 직접 주최하지 않고, 단체에 행사 관련 보조금을 주게 되더라도 행사 당일 부담만 조금 줄어들 뿐 회계 집행 정산은 더 꼼꼼히 신경써야 합니다.

행사 당일에는 직원들이 업무를 배분해서 도와주지만, 행사가 치러지기 전까지는 온전히 담당자 1명의 몫이기 때문에 예산을 편성할 때부터 예산 통계목을 잘 세워야 합니다.

행사라고 하면 당일 하루만 생각하기 쉽습니다. 하지만 행사는 예산을 세울 때부터 시작됩니다. 최초 행사 예산을 잘 세우려면 거꾸로 행사 당일 시뮬레이션을 구상해 볼 줄 알아야 합니다.

행사 당일 시뮬레이션을 돌려보자

『완벽한 공부법』(고영성·신영준, 2017, ㈜로크미디어)에서는 시뮬레이션을 이렇게 설명합니다.

"시뮬레이션은 실제로 행동하는 것만큼의 효과는 거둘 수 없다. 하지만 그다음으로 가장 훌륭한 방법이다. 레몬주스를 마시는 상상을 하며 물을 마시면 평소보다 침이 더 많이 분비된다. 반면 물을 마신다는 상상을 하고 레몬주스를 마시면 침이 적게 나온다. 즉, 우리가 미리 생각으로 예행연습을 하면, 실제로 그런 일이 벌어졌을 때 뇌는 이미 시뮬레이션으로 익숙한 상황이므로 일을 잘 처리하는 것이다. 시뮬레이션은 '미래계획기억'을 형성하는 거의 유일한 방법이다."

행사 당일은 정신이 없습니다. 미리 계획을 다 세워놓았다고 하더라도 예상치 못한 상황이 발생할 테니까요. 그래서 사전에 시뮬레이션을 돌려봅니다. 돈을 계획하는 예산 단계에서 돈을 집행하는 회계 단계까지 미리 머릿속으로 한 바퀴 돌아봅니다. 어떤 예기치 못한 상황들이 발생할지 경우의 수도 그려봅니다.

예를 들면, 이런 식입니다.

"예산에 어떤 돈을 미리 계획해 놓아야 할까?"
"행사 당일 필요한 돈은 뭐가 있을까?"
"예기치 못한 비상 상황엔 어떤 것들이 있을까?"

행사 당일 은근 중요하게 여기는 부분이 있다면 식사입니다. 운영진이나 참가자의 식사나 간식입니다. 식사를 제대로 챙기지 못하면 행사 전체 평가가 나쁘게 나올 수도 있기 때문에 늘 조심해야 하는 부분입니다.

식비는 중요합니다. 이유는 식비가 크게 행사운영비와 행사실비지원금으로 나눠지기 때문입니다.

행사운영비 vs 행사실비지원금

행사운영비와 행사실비지원금의 차이점에 대해 들어본 적 있을까요? 행사실비지원금은 몇 년 전까지 행사실비보상금이라고 불렀습니다. 행사가 붙은 이 2가지 통계목은 신규 직원이라면 생소하게 느껴지는 것이 당연합니다. 하지만 연차가 올라갈수록 한번쯤은 꼭 궁금해지는 통계목입니다. 차이점도 구별하고 싶어질 테고요.

회계과 지출 업무를 담당할 당시, 행사운영비와 행사실비지원금 2가지 통계목 차이를 정확하게 구별하지 못해서 곤란을 겪는 담당자를 종종 보았습니다. 행사실비지원금은 회계과에서 집행하는 지출이라 경리팀 지출 담당자에게로 서류를 가져왔습니다. 행사운영비는 일상경비라서 각 부서에서 지출하는 건이고요.

서류를 검토하다 보면 '행사실비지원금'으로 나가야 할 건이 아닌데도 '행사운영비'를 세워놓지 않아서 '행사실비지원금'으로 집행해 달라고 한다거나, '행사운영비'로 집행해야 할 자금이 없어서 '행사실비지원금'으로 나가려고 하는 건들이 있었습니다.

행사운영비 유의사항
행사에 참여한 초청인사 등을 대상으로 하는 식비, 행사관련 기념품이나 기관선물의 구입 등은 본 과목에서 집행할 수 없다.(사업 성격을 고려하여 행사실비지원금 또는 업무추진비로 집행)

(출처:「지방자치단체 회계관리에 관한 훈령」)

행사 당일을 상상하며 회계 그려보기

자금을 지출하고 어떻게 집행되었는지를 정리하는 것이 회계고, 어떤 통계목으로 나갈지 계획해 주는 것이 예산입니다. 행사의 시작을 예산과 회계를 그려보는 일이라고 생각해 봅시다. 행사 당일 시뮬레이션을 꼼꼼하게 돌려서 놓치는 회계처리가 없도록 첫 단추인 예산을 잘 세워서 만족하는 행사 결과를 얻었으면 좋겠습니다.

코로나19가 재난 위기 심각에서 경계, 주의 단계로 하향 조정해감에 따라 각 기관의 행사, 축제에 대한 기대감이 높아지고 있습니다. 세심한 계획으로 기대 이상의 성과를 이루는 유익한 행사가 되기를 바라는 마음입니다.

3. 회계를 알면 공사를 알게 된다

시설직렬과의 친분은 자산이 된다

공사는 보통 시설직렬이 하는 업무입니다. 공사를 위해 계약을 해 주고, 지출을 해 주는 것은 회계 담당자가 하는 일입니다. 여기에서는 '마을안길 보수공사', '농로 배수로 공사' 등 주민을 위한 사업을 예로 들어 설명해 볼까 합니다.

읍면사무소에서 근무할 때 회계 업무를 주로 맡았습니다. 지금 생각해보면 그 시절 가장 큰 자산 중 하나는 시설직 직원들과 원만한 관계를 맺었던 일 같습니다. 시설직이라 하면 주로 토목직, 건축직이었습니다. 공사를 계획하는 시설직과 공사 계약을 해 주고 자금을 집행해주는 행정직 회계 담당자로 서로 도와가며 기분 좋게 일했던 기억이 있습니다.

읍면사무소 공사 계약은 이렇게

시설직이 수행하는 공사는 연초에 바로 시작됩니다. 어떤 공사를 하겠다는 것은 본예산에 이미 짜여 있습니다. 본예산은 전년도 8월경에 계획했기 때문에 공사 계획은 이미 확정되어 있습니다.

새로운 한 해가 시작되면 곧바로 공사를 어떻게 진행하겠다는 실시 설계에 들어갑니다. 1월에 공사 담당자인 시설직은 회계 담당자에게 실시 설계 용역을 먼저 하겠다는 계획서에 협조를 요청합니다. 회계 담당자는 협조 공문이 올라오면 '아, 이제부터 공사를 시작하는구나'를 알게 됩니다. 설계 용역계약을 먼저 체결해 주고, 설계대로 공사가 잘 될 수 있도록 전문 시공업체들과 각각 계약을 체결해 주는 것이 회계 담당자의 역할입니다.

계약을 체결해 준 후에는 착공계, 준공계를 접수하게 됩니다. 착공계란 공사가 시작한다는 서류이고, 준공계란 공사가 완료되었다는 서류입니다. 준공계가 들어오면 공사 담당자는 준공 검사를 실시합니다. 공사가 제대로 완료되었는지 검사하는 것입니다.

착공계, 준공계 제출 근거

제9장 계약 일반조건
제5절 계약의 이행
 마. 착공·공정 보고
  1) 계약상대자는 계약문서에서 정하는 바에 따라 착공해야 하며 착공시에는 다음 각호의 서류가 포함된 착공신고서를 발주기관에 제출해야 한다. 다만, 계약담당자는 관련 법령에서 특별한 규정이 없는 경우 공사기간이 30일 미만인 경우 등에는 착공신고서를 제출하지 아니하도록 할 수 있다.

제9절 검사와 대가지급
1. 공사·용역·물품 검사
가. 준공검사 등
  1) 계약상대자는 공사·용역·물품납품(제조)을 완료한 때에는 그 사실을 준공신고서 등 서면으로 계약담당자에게 통지하고 필요한 검사를 받아야 한다.
  2) 계약담당자가 "1)"의 통지를 받은 때에는 계약서, 설계서, 준공신고서 등 그 밖의 관계 서류에 따라 그날로부터 14일 이내에 계약상대자의 참관하에 그 이행을 확인하기 위한 검사를 해야 한다.

(출처: 「지방자치단체 입찰 및 계약 집행기준」)

준공검사가 마무리되면 공사담당자는 공사업체에 돈 받을 서류를 제출하라고 하게 됩니다. 이것이 청구서인데요. 공사를 완료한 업체는 공사대금을 받기 위해 청구서를 챙겨서 회계 담당자에게로 제출합니다. 세금계산서 등 청구서류 일체가 다 들어왔는지 확인한 후 공사대금을 지급해 주면 하나의 공사가 마무리됩니다.

이 과정이 짧게는 2개월에서 길게는 6개월 이상도 걸립니다. 연초에 진행하는 설계용역은 설계업체에 의뢰하고 실제 공사는 전문 공사업체에 맡겨 진행됩니다. 이 기간에 실제 공사를 담당하는 시설직과 계약부터 대금 지급까지 처리해주는 회계 담당자의 합이 공사의 성패를 결정짓는다는 생각도 들었습니다.

회계 업무를 할 때 단순히 대금 지급을 처리해 주는 사람이 아니라 마을 공사 일부분을 담당한다는 생각으로 일을 했더니 진심을 알아주는 시설직 직원도 있었습니다.

마을 공사 계약을 통해 좋은 관계를 유지했던 시설직 직원과의 관계 덕분에 행정직인 제가 잘 모르는 전문적인 분야에서 나중에 큰 도움을 받기도 했습니다.

시설비 통계목이 친근해진다

시설비라는 통계목이 있습니다. 통계목은 자금이 집행되는 가장 작은 단위입니다. 보통 통계목 중에서 가장 친근한 과목은 사무관리비입니다. 예산 편성하기가 쉽고, 집행할 때도 별 무리 없이 집행할 수 있는 과목이기 때문입니다.

그에 비해 시설비는 행정직이라면 자주 접하는 통계목은 아닙니다. 주로 시설직이 사용하는 통계목입니다. 회계 업무를 알게 되면 시설비가 친근한 과목으로 다가올 수 있습니다.

시설비는 마을 공사 등에 활용되는 통계목이지만, 청사 건물을 수리할 때도 사용하는 통계목입니다. '건물 페인트칠 공사'에 필요한 공사대금이나 '천장 방수공사'에 필요한 예산도 시설비에 세워 놓아야 합니다.

청사 건물 수리비 이야기가 나와서 말인데, 청사 수리비에는 공공운영비와 시설비의 차이점을 알아 놓는 것이 좋습니다. 공공운영비와 시설비 통계목 차이점은 〈2장 6. 소규모 수선비 vs 시설물 유지관리비 vs 수리비〉에서 자세하게 설명해 보겠습니다.

나라장터 전자조달시스템에 겁먹지 말자

우리나라 조달청에서 운영하는 G2B(https://www.g2b.go.kr/)라고 불리는 나라장터 '국가종합전자조달시스템'이 있습니다.

(나라장터(G2B) 국가종합전자조달시스템 웹사이트)

나라장터(G2B) 웹사이트는 위와 같은 모습입니다. 수의계약을 포함하여 주로 입찰계약을 할 필요가 있을 때 사용합니다. 금액에 따라 수의계약과 2인 이상의 입찰계약을 하는데, 2천만 원(부가세 제외) 이하의 수의계약을 주로 하고 금액이 큰 입찰계약을 거의 하지 않는다면 나라장터에 대한 약간의 두려움을 갖고 있을 수도 있습니다.

하지만 겁먹을 필요는 없습니다. 시스템이라는 것은 애초부터 사용자가 이용하기 편리하도록 구현해 놓은 전자시스템이기 때문입니다.

사용자를 더 편하게 했으면 편하게 했지, 어렵고 불편하게 하려고 만들어 놓은 것은 아닐 테니까요. 나라장터를 사용해야 할 때는 나를 더 편하게 해줄 시스템이라는 생각으로 접근하는 게 좋습니다.

저도 사용해 보기 전에는 어떤 버튼을 눌러야 할지 몰라서 겁먹고 함부로 눌러보기가 어려웠는데 막상 사용해보니 계약 당사자를 만나지 않고도 손쉽게 계약을 처리할 수 있도록 편리하게 구현해 놓은 장치였습니다. 계약이 어디까지 진행되었는지 한눈에 알아보기 편해서 업무를 챙기기도 매우 수월했고요.

딱 1번만 사용해 보면, 나라장터라는 시스템도 별거 아니라고 느껴질 것이므로 편하게 접근해 보기를 권합니다. 입찰계약을 해야 할 때도 겁먹지 말고 하나하나 매뉴얼대로 따라 하다 보면 어느새 전문가가 되어 다른 누군가에게 알려주고 있을 테니까요.

솔직히 시스템을 사용하는 것은 전문가 수준까지 필요한 일도 아니고 말이죠.

공사는 주민을 편리하게 해 주는 일이다

공사란 무엇일까요?

읍면동사무소에서 공사로 끝나는 사업명은 이렇습니다.

○○리 배수로 정비공사

○○리 마을안길 보수공사

○○동 가로등 정비공사

'배수로 정비공사'는 비가 많이 올 때를 대비하는 공사이고, '마을안길 보수공사'는 흙길을 질퍽거리지 않게 새로 깔거나, 좁은 마을 길을 넓히는 공사입니다. '가로등 정비공사'는 마을에 가로등을 신규로 설치해 주거나 기존 설치되어 있는 가로등을 보수해 주는 사업입니다.

모두가 우리 실생활에 가장 가까운 사업들입니다. 마을 주민들이 편하게 살아갈 수 있도록 공사를 해 주는 사람이 시설직이라면, 해당 공사가 잘 진행되도록 업체와 계약을 하고 대금을 지급해주는 사람이 회계 담당자라고 할 수 있습니다.

회계 담당자는 자기 일에 충실했을 뿐인데 '배수로 정비공사', '마을안길 보수공사', '가로등 정비공사' 등을 통해 마을이 살기 좋은 곳으로 바뀌어 갑니다. 주어진 자리에서 내 일을 했을 뿐인데 마을 환경이 개선되고 주민들의 생활 여건이 조금 편리해진다는 것은 보람되고 설레는 일 아닐까요?

공무원이 하는 일에는 돈으로 환산할 수 없는 일의 가치라는 것이 있습니다. 물론 좋은 의도로 시작한 일이 모두 좋은 결과를 맺을 수 있는 것은 아니겠지만 그래서 공무원을 '직장'이 아닌 '직업'이라고 하는 것이 아닐까요? 업으로 받아들인 사람만이 일의 의미와 가치도 찾을 수 있을 테니까요.

4. 회계를 알면
보고서 작성이 쉽다

보고서 핵심 메시지는 숫자가 완성한다

'보고서란 무엇일까요?'

『숫자로 일하는 법』(노현태, 2022, 인플루엔셜)에서는 보고를 대나무의 마디에 비유했습니다. 대나무가 올곧고 튼튼하게 성장하기 위해 중간중간에 마디가 필요하듯이, 업무 역시 제대로 보고하고 피드백을 받아야만 방향성을 잃지 않고 단단해질 수 있습니다.

　중간 보고의 중요성을 표현해 준 말이었습니다. 보고의 핵심이 메시지라면, 메시지의 핵심은 숫자라는 말도 덧붙였습니다.『숫자로 일하는 법』에서는 메시지를 간결하고 명확하게 전달할 방법으로 3가지 방법을 제시했습니다.

　첫째, '목표와 실적'을 숫자로 표현하기

둘째, 시간 순서대로 '과거-현재-미래'를 숫자로 표현하기

셋째, 숫자를 비교해 표현하기

보고서는 메시지를 숫자로 표현해 놓은 것입니다. 숫자로 표현하는 이유는 검토자가 한눈에 확인하기 쉽게 하기 위함입니다. 보고서는 엄연히 보고 하는 사람을 위함이 아닌 보고 받는 사람을 위한 자료입니다. '회계는 숫자다'라고 단순히 정의할 수는 없지만, 회계를 표현해 주는 도구가 숫자입니다.

숫자는 생각만 해도 머리가 아플 수 있습니다. 하지만 숫자는 도구일 뿐입니다. 숫자가 어렵다고 생각하기보다는 보고서 내용을 잘 설명해주기 위한 도구로 인식하면 편합니다.

아래 3가지 보고서로 예를 들어 볼까요?

'회계과 조직개편안'

'주민자치학교 교육 편성안'

'마을안길 보수공사 시행안'

'회계과 조직개편안'에서는 현재 정원과 늘어나야 할 인원이 일목요연하게 숫자와 표로 정리되어 있습니다. '주민자치학교 교육 편성안'에서는 교육비와 참가인원이 보기좋게 들어가 있을거구요. '마을안길 보수공사 시행안'에서는 원래 계획이었던 예산액이 얼마였는데, 이번 공사로 얼마를 사용하면, 실제로 얼마가 남는다라는 자금의 흐름이 표로 정리되어 있습니다.

보고서 작성은 크게 3단계를 거칩니다. 보고서를 작성하기 위해 우선 제목을 적어 봅니다. 그다음은 제목을 풀어서 설명해주기 위해 보고서 내용에는 어떤 것들을 숫자로 표현할까를 생각합니다. 숫자로 표현할 내용들이 구상되었다면 이제 그 숫자들을 하나씩 표와 도형으로 그려봅니다.

회계력

『35살까지 꼭 알아야 하는 회계력』(고다마 다카히코, 2011, 이아소)에서는 회계 담당자의 능력을 '회계력'이라고 표현했습니다. 회계 담당 직원이 경영진의 의사결정에 도움이 되는 정보를 적절한 타이밍에 알려주면 좋겠다는 바람도 담겨있는 단어였습니다.

정확하고 능숙하게 수입과 지출을 기록하고, 항상 잔액이 일치하도록 맞추는 것은 회계 담당자로서 매우 중요한 일이지만, 기업 경영자와 관리자들은 그것만으로는 어딘가 부족하다고 느끼고 있었다고 합니다. 경영진이 회계 담당자에게 원하는 바는 회계 담당자로서 정확한 건 기본이고, 보고 수준이 높아졌으면 좋겠다는 바람이 있었습니다.

이 책에서는 '회계력'이라고 표현하고 있는데, 저는 이것을 숫자로 보고서를 잘 만드는 능력, 거기에 보고서를 잘 해석해서 발표하는 능력이라고 이해했습니다.

회계 정보를 기초로 보고서를 잘 만드는 능력이 '회계력'이라면 우리도 가져볼 만하지 않을까요? 평생 써먹을 수 있는 무기가 될 수 있습니다.

회계를 알면 보고서 작성이 쉽다

실제로 회계를 알면 보고서 작성하기가 쉬워집니다. 앞에서 보고서는 메시지를 숫자로 표현해 놓은 거라고 했습니다. 보고서는 1장짜리부터 수십장까지 여러 형태가 있지만, 장수에 상관없이 우선 보고서를 작성하려면 막막해지는 게 현실입니다.

보고서 작성이 막막하다면 가장 먼저 무엇을 해 주는 것이 좋을까요? 숫자로 표현할 수 있는 것들을 먼저 생각해 봅니다. 숫자로 표현할 수 있는 것들을 뽑아보고 나머지는 내용을 자연스럽게 연결만 시켜주면 됩니다.

숫자로 표현할 수 있는 것들을 우선 연필로 쓱쓱 메모해 놓은 다음, 형식이나 표현방식은 잘 쓰인 다른 사람의 보고서를 참고하면 되니까요.

보고서를 작성하기 전, 페이지 채우기에 겁먹지 말고 숫자로 표현해 볼 것들을 먼저 그려보세요. 손 글씨가 편한 사람은 연필로 해 보고, 타이핑이 편한 사람은 A4용지에 워드로 쳐보세요.

가볍게 시작한다는 생각으로 우선 시작만 해 보는 게 가장 좋은 방법입니다.

　보고서 작성을 가벼운 마음으로 시작했다면 다른 사람이 작성해 놓은 보고서도 어느새 눈에 들어오기 시작할 테니까요.

5. 회계를 알면 숫자가 보인다

제가 좀 숫자에 약해서...

『제가 좀 숫자에 약해서』(윤정용, 2018, 앳워크)를 쓴 윤정용 작가
는 이 책을 쓰기 전 회계 책을 출간하고 회계 강의를 다니고 있었
습니다. 회계 강의에서 좋은 피드백을 많이 받았지만, 한편으론 숫
자에 약해서 회계 공부를 하기엔 아직 이르다는 이야기를 들었다
고 합니다. 그래서 쓴 책이 『제가 좀 숫자에 약해서』라고 합니다.

저도 회계 업무를 처음 시작했을 때 긴 숫자를 단숨에 읽지 못해
힘들 때가 있었습니다. 아마도 독자분 중에도 "나도 긴 숫자에 좀
취약한데..." 하고 공감하실 분이 계실 겁니다. 회계도 아닌 숫자에
약하다는 말은 왠지 부끄러워서 밖으로 꺼내기가 쉽지 않습니다.
그래서 여기서 한번은 짚고 넘어가려고 합니다. 뭘 그런 것까지라
고 생각하기 쉽지만 살다보면 쉬운 기회들도 다시는 돌아오지 않
는 경우를 보게 됩니다. 지금 여기가 그래서 중요합니다.

긴 숫자 단숨에 읽는 법

긴 숫자를 읽는 방법에는 공식이 있으니 여기서 한 번만 연습해 보세요.

아래 숫자를 읽어볼까요?

1,786,238,158원

단숨에 읽히시나요?

다음 숫자는 어떤가요?

1,786,238천 원

혹시 같은 숫자로 보였을 수도 있습니다. 위에서 예로 든 두 숫자는 쉼표 개수가 다릅니다. 쉼표가 다르다는 말은 단위가 다르다는 의미입니다. 단숨에 읽지 못한다고 부끄러워할 필요는 없습니다. 우리에게는 누구나 시작과 처음이 있었으니까요. 지금 확실히 익히고 넘어가면 됩니다. 혹시 이 정도쯤이야 하시는 분은 복습 차원에서 한번 읽어보셔도 좋습니다.

쉼표 4개만 기억하자

천   원: 1,000
백만 원: 1,000,000
십억 원: 1,000,000,000
일조 원: 1,000,000,000,000

쉼표 4개는 일조

쉼표 3개는 10억

쉼표 2개는 백만 원

쉼표 1개는 천 원

천원 단위는 안다 치고, 3개만 기억해 주세요. 실전은 이것보다 조금 더 헷갈리니깐, 실전에 대입해 볼까요?

786,238,158원

우선 쉼표 2개까지를 봅니다. 6백만 원이라고 눈으로 먼저 읽어 줍니다. 6백만 원 앞으로 숫자를 역으로 헤아립니다. 백, 천, 억, 십억, 백억.. 한 칸씩 앞으로 올라가 줍니다. 6백부터 한 칸씩 올라가면서 읽어줍니다. 8천 6백, 한 칸 더 앞으로 가면 7억 8천 6백만 원입니다.

간단하게 다시 한번 더 해 볼까요? 긴 숫자를 만났을 땐 쉼표 2개 자리로 먼저 시선을 이동해 줍니다. 쉼표 2개 자리는 백만 원 단위입니다. 백만 원 단위에 6이 있으니 6백입니다. 6백을 만났다면 백, 천, 억, 십억을 차례대로 세어주며 한 칸씩 이동합니다.

786,238,158원

7억 8천 6백만 원까지 읽고, 2십만 원 단위부터는 뒤로 숫자 6개를 세트로 읽어줍니다. 6백만 원 단위까지 앞에서 읽어준 숫자와 2십만 원 단위부터 뒤로 읽어 준 숫자를 붙여서 다시 읽어줍니다. 7억 8천 6백 2십 3만 8천 일백 5십 8원

읽을 때 숫자 1을 주의하자

여기서 주의해야 할 숫자가 하나 있습니다. 158원 중에 1이라는 숫자입니다. 158원을 읽을 때는 일백오십팔 원이라고 읽어줍니다. 백 원이 아닌 일백 원입니다. 1을 읽어 줄 때는 일백, 일십, 일원이라 해서 한글 일을 붙여서 읽어준다는 것만 예외로 기억해주세요.

지방자치단체 회계시스템인 이호조와 전자문서인 온나라 시스템이 연계되기 때문에 금액 옆에 한글을 직접 써야 하는 일이 드물지만, 몇 년 전까지는 숫자를 쓰고 숫자 옆에 한글을 워드로 쳐야 했습니다. 그때 많이 하던 실수가 숫자 1이었습니다.

긴 숫자는 단위를 먼저 확인하자

보고서 속 표에는 단위가 괄호 안에 이렇게 표시됩니다. (단위: 천 원) (단위: 백만 원) 단위가 천 원인지, 백만 원인지가 확인되었다면 천천히 읽어내려 갑니다. 앞에서 설명한 것처럼 첫 번째 쉼표로 가서 한 칸씩 차례대로 앞으로 전진해 줍니다. 단 숫자를 읽기 전에 쉼표를 먼저 읽어줍니다.

236천 원 / 236백만 원

이것은 어떻게 읽어줘야 할까요?

236천 원 ⇨ 236,000원 ⇨ **2십3만6천 원입니다.**
236백만 원 ⇨ 236,000,000원 ⇨ **2억3천6백만 원입니다.**

숫자에 자신감 있는 사람처럼 말하자

『자신감 쌓기 연습』(2011, 작은씨앗)에서 데이비드 로렌스 프레스턴은 이미 자신감으로 충분한 사람처럼 말하고 행동하라고 합니다. 자신감 있는 사람처럼 행동하고 말할수록 실제로 자신감이 점점 높아진다고 합니다. 보고서에 적힌 숫자를 갑자기 읽어야 하는 상황이 닥쳤을 때, 너무 당황하지 말고 자신감 있는 모습으로 천천

히 읽어 내려가 보세요. 단위를 먼저 확인하고, 쉼표대로만 읽으면
됩니다.

1,728,215,940원

17억 2천 8백 2십 일만 5천 9백 4십 원

숫자 1은 '일만'으로 읽어준다는 것만 기억해주세요.

6. 회계만큼 남는 장사도 없다

　회계 업무는 제게 가성비가 가장 좋은 업무였습니다. 1년~2년마다 업무가 바뀌게 되는 행정직이라 자리를 옮기게 될 때면 맨땅에 헤딩하는 기분이었거든요.

　회계 업무를 맡게 된 후부터는 그런 경우가 줄었습니다. 회계 업무는 한번 제대로 익혀놓으면 부서를 이동해도 크게 차이가 없습니다. 사무실 장소만 바뀌었을 뿐 회계에 관한 메커니즘은 바뀌지 않으니 실력이 쌓이는 기분이 들었습니다.

　『직장인이여, 회계하라』(2016, 덴스토리)에서 윤정용 작가는 회계는 한번 익혀놓으면 직장생활의 자산이 된다고 했습니다. 곳간에 곡식이 쌓이듯, 통장에 잔고가 늘어나듯이 업무 실력이 차곡차곡 쌓이는 기분이 든다는 것입니다. 공공영역도 동일합니다. 어쩌면 공공영역에서 회계란 더 큰 자산이 될지도 모릅니다.

『호모데우스』(유발하라리, 2017, 김영사) 내용 중에 이런 문구가 나옵니다.

'모든 것은 변한다'

모든 것이 변한다는 것이야말로 절대 변하지 않는 진리입니다. 모든 것은 변합니다. 공공영역의 모든 업무도 변해가고 있습니다. 시대의 변화에 대비하기 위한 업무로 회계 업무가 필수입니다. 어떤 업무를 맡게 되던지 예산과 회계를 거치지 않는 업무는 없습니다. 공공영역이라 더욱 그렇습니다.

공공영역 행정이란 예산이라는 자금을 목적에 맞게 잘 집행하는 과정입니다. 예산 집행과정을 청렴하고 체계적으로 잘 기록해서 남기는 작업이 회계이고요. 공공분야도 시대의 변화에 발맞춰 변해가고 있습니다. 시대에 맞게 사업의 성격도 바뀌고 사람도 바뀌고 요구하는 역할도 바뀌고 있습니다.

세상이 바뀔 때 우리는 무엇을 해야 할까요? 『매일 아침 써봤니?』(김민식, 위즈덤하우스, 2018)에서는 이런 문장을 만났습니다.

"파도가 닥쳐올 때, 두려움에 떨기보다 설레는 마음으로 보드를 꺼내 드는 서퍼가 되고 싶어요. 기왕에 큰 파도가 온다면, 물에 빠져 허우적대기보다는 물에 빠진 김에 수영도 즐기고 싶어요. 수영만 즐기는 게 아니라 바닷속 조개를 뒤져 진주를 캐면 더 좋겠죠. 다가올 파도를 생각하며 서프보드를 닦는 마음으로 오늘도 책을 읽고 글을 씁니다."

변화하는 세상에 대비하기 위해 『매일 아침 써봤니?』의 저자 김민식 PD는 책을 읽고 글을 쓴다고 합니다. 책을 읽고 글을 쓰는 방법도 업무 다음으로 제가 추천하고 싶은 방법입니다. 이 책을 읽고 있는 당신이 혹시 공공영역에서 일하고 있다면 회계를 먼저 알아놓자고 권하고 싶습니다. 변해가는 미래의 대비책으로 든든한 자산이 되어 줄 회계 말입니다.

2장

비교하며 익히는
회계 용어

"애매모호한 말을 많이 한다는건
그 사람 생각이 모호하거나
생각이 정리되지 않았기 때문이다.
애매한 생각을 정리하면 명료해진다."

- 『애매한 걸 정리해 주는 사전』 한근태, 클라우드나인

1. 예산 vs 회계

2장에서는 회계 용어를 비교해서 설명하려고 합니다. 회계 용어 1개를 각각 익히는 것보다, 헷갈리는 2개의 용어를 비교해서 알아두면 개념이 명확해지기 때문입니다. 제가 그랬거든요. 1개를 아무리 기억해도 자꾸만 헷갈리는데 2개를 함께 비교해서 기억하니 이후로는 전혀 헷갈리지 않았습니다. 제 경험을 바탕으로 헷갈릴만한 용어들을 선별해서 설명해 보겠습니다.

예산을 왜 알아야 할까?

회계와 가장 먼저 무엇을 비교해서 설명하면 이해가 쉬울까 생각해 봤습니다. 공공분야 회계를 이야기할 때 빼 놓을 수 없는 것이 예산입니다.

예산이란?

1회계연도 수입과 지출 계획입니다. 여기서 1회계연도란 1월 1일에서 12월 31일까지를 말합니다. 내년에 쓸 자금을 미리 계획하는 일을 예산편성이라고 합니다. 수입과 지출은 세입과 세출로 다시 설명할 수 있는데 미리 재원 조달 계획을 세우는 것을 '세입'이라고 하고, 나가야 할 자금 계획을 '세출'이라고 합니다.

예산 편성이란, 모든 수입이 계획된 사업으로 지출될 수 있도록 세입과 세출을 유기적으로 연결하는 계획을 수립하는 과정입니다.

『회계학 콘서트 - 왜 팔아도 남는게 없을까』(하야시 아츠무, 2013, 한국경제신문사)에서는 계획과 회계의 관계를 이렇게 설명해 주고 있습니다.

"꿈같은 계획을 쫓기만 해서는 그림의 떡이 될 수 있는데, 그래서 등장한 것이 회계라고 말야. 구체적인 계획을 회계에 반영해서 정말로 실현가능한 계획인지를 회계로 검증하는 거지."

예산은 계획입니다. 계획을 실제 구현해 내고 쓸모 있는 정보로 구체화시키는 작업이 회계이고요.

예산 편성 과정

지방자치단체 예산은 공무원이 예산안을 작성해서 시 의회에 제출합니다. 시의회가 예산안을 심의해서 가결하면, 예산이 성립되고요. 1년 예산 집행은 1월부터 시작되지만, 예산 편성은 전년도 8월경부터 준비를 시작합니다. 예산집행이 끝나면 다음 연도 5월까지는 결산이 이루어집니다. 최종 결산심사 승인이 6월에 끝나면 편성-심의-의결-집행-결산의 과정들이 한 바퀴 다 돌아가는 것입니다.

실제 예산을 사용하는 회계연도는 1월 1일에서 12월 31일이지만, 예산 편성에서 결산 승인까지는 2년 가까이 걸립니다. 그래서 내년에 필요한 예산이 있다면 전년도부터 예상해서 준비하는 작업이 필요합니다.

일반회계 vs 특별회계 vs 기금

예산은 아래와 같이 크게 3가지로 나뉩니다.
일반회계, 특별회계, 기금.

일반회계는 말 그대로 일반적인 회계 파트입니다. 지자체별로 조금 차이가 있지만 전체 예산의 80% 정도를 차지합니다.

특별회계란, 일반회계와는 별개로 특별한 목적을 둔 예산입니다. 특별한 목적을 둔 수입이 특별한 목적을 둔 지출에 연결될 수 있다는 의미입니다.

기금은 특정한 목적을 위해 자금을 신축적으로 운용할 필요가 있을 때 설치합니다.

여기에서는 일반회계, 특별회계, 기금이 예산의 분류기준이라는 정도만 설명하고 〈2장 4. 일반회계 vs 특별회계 vs 기금〉에서 별도로 설명하겠습니다.

예산통 vs 회계통

회계를 알면 예산을 알게 됩니다. 회계를 알면 어떻게 예산을 알게 되는 걸까요?

앞에서 말한 것처럼, 지방자치단체라면 예산은 예산법무과에서 담당하고, 회계는 회계과에서 담당합니다. 예산법무과에 근무하는 직원들은 '예산통'으로 성장합니다. 회계과에 근무하는 직원들은 '회계통'으로 성장하게 되고요.

'예산통'은 예산을 수립하고 계획하는 업무를 하는데 굳이 회계까지 알 필요는 없습니다. 예산이 수입과 지출을 계획하는 단계라면 회계는 돈을 쓰는 단계입니다. 계획 단계 업무를 수행하는 직원들이 마지막 집행 단계인 회계까지 알아야 할 필요성을 못 느끼는 거죠.

예산 부서에서 근무하지만, 기존에 회계 업무를 접해본 직원이라면 당연히 회계 관계를 알겠지만, 그렇지 않고 예산만 다뤄 본 직원이라면 회계 분야에는 문외한이 되는 경우도 있습니다.

그러나 '회계통'은 다른데요. 회계는 돈이 나가는 마지막 단계입니다. 마지막 단계인 회계처리를 하려면 시작 단계인 예산을 알고 있어야 합니다. 회계 서류 검토를 한다는 것은 통계목에 맞게 잘 지출이 되는지를 확인하는 작업이기 때문입니다. 예산 편성의 기본부터 알고 있어야 합니다.

그래서 '회계통'이라면 예산을 기본적으로 알아야 하고, 공부하게 되어 있습니다. 제가 '공무원이여 회계하자'고 말하는 이유가 여기에 있습니다. 회계를 알게 되면 예산을 알게 됩니다. 예산을 알게되면 사업계획을 파악하게 됩니다. 사업계획을 위해선 자금 집행 단계까지 신경써야 합니다. 자금을 계획하는 단계부터 집행하는 과정까지 총망라하게 됩니다.

이 글을 읽는 당신이 회계를 만나면 모든 업무가 쉬워질 수 있습니다. 회계를 공부했을 뿐인데 알고 봤더니 예산까지 공부하고 있었다는 것을 나중에 우연히 알게 될 테니까요.

2. 세입 vs 세출

세입과 세출은 수입과 지출이다

세입은 자금을 벌어들이는 수입이고, 세출은 자금이 나가는 지출입니다. 예산서는 수입과 지출을 세입과 세출로 표현하고 있습니다.

세입은 크게 6가지

세입은 크게 6가지로 이루어져 있습니다. 지방세 수입, 세외수입, 조정교부금, 지방교부세, 보조금, 내부거래입니다. 그중에 지방세 수입이 50% 정도로 가장 많지만 지방자치단체별로 비율은 차이가 있을 수 있습니다.

지방세라고 하면 와 닿지 않을 수 있지만, 토지와 건물에 부과되는 재산세, 자동차 소유주에게 부과되는 자동차세, 1년에 한 번 주민등록상 세대주에게 부과하는 주민세 등을 묶어서 지방세라고 합니다.

지방세 말고 국세도 있습니다. 국세는 단어 그대로 풀이하면 국가가 벌어들이는 세금입니다. 종류로는 종합부동산세, 부가가치세 등이 있습니다.

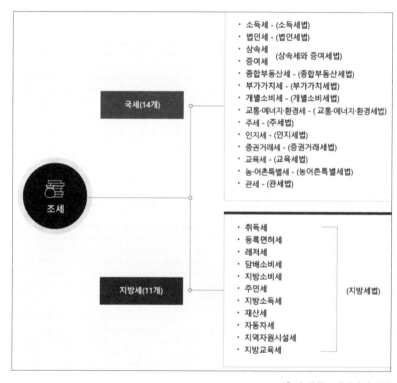

(출처: 한국조세재정연구원)

세출은 어떻게 구성되어 있을까요?

제가 속한 시의 세출은 크게 13개 분야로 나뉘어져 있습니다.

일반 공공행정, 공공질서 및 안전, 교육, 문화 및 관광, 환경, 사회복지, 보건, 농림·해양수산, 산업 및 에너지, 교통 및 물류, 국토 및 지역개발, 예비비, 기타 등 1년 예산이 13개 분야로 지출됩니다. 우리가 1년 동안 하는 일은 이 중 어느 한 분야에 포함되어 있습니다.

각 시마다 세출 분야 비율이 조금씩 차이가 있겠지만, 제가 속한 시는 사회복지 분야가 35% 정도로 가장 비율이 높습니다. 그다음은 일반 공공행정과 농림·해양수산 분야 순입니다.

세출 분야 구성 비율을 보면 도시 비율이 큰지, 농업 분야가 큰지를 알 수 있습니다. 중점적으로 예산이 들어가는 분야를 그 도시의 역점 사업이라고 볼 수도 있습니다.

세입은 세무과로, 세출은 회계과로

세입은 수입입니다. 세금을 거둬들이는 세금 징수 부서가 세입을 담당하고, 자금을 집행하는 회계과에서 세출을 담당합니다.

세무과는 세무직이 보통 근무하는데 행정직이 근무할 수도 있습니다. 세입을 담당하는 세금부서와 세출을 담당하는 회계과에서 근무해 본다면 수입과 지출과정을 모두 경험할 수 있습니다.

최대한 쉽게 설명하기 위해 노력 중인데, 잘 이해가 되는지 궁금합니다. 혹시라도 제가 '지식의 저주'에 빠져 있는 건 아닌지 걱정되기도 하구요.

지식의 저주란, 『스틱!』(칩히스, 2009, 엘도라도)에서 나온 말입니다. 자신은 아는 내용이라 쉽게 설명하고 있다고 착각하지만 듣는 사람은 무슨 말인지 못 알아듣고 있는 상황을 표현하는 말입니다. 자신만 알아듣는 쉬운 표현으로 설명하면서, 상대방에게 '참 쉽죠잉?' 하고 말하는 어이없는 상황 말이죠. 제발 그런 상황만 아니었으면 좋겠습니다.

3. 일상경비 vs 일반지출

일상경비와 일반지출을 말로 할 때나 글로 써 보면 전혀 다른 단어로 보이지만, 막상 실무에서는 이 두 가지가 많이 헷갈립니다. 한번은 제대로 구별할 필요가 있겠다 싶어서 간단하게 정리해 보려고 합니다.

일상경비와 일반지출의 가장 큰 차이점은?

일상경비와 일반지출의 가장 큰 차이점은 지출하는 부서가 다르다는 것입니다. 일상경비는 단어 그대로 일상적인 경비입니다. 일상적인 경비이므로 각 부서 회계 담당자가 지출하고 일반지출은 회계과에서 지출합니다.

시청이라면 일상경비는 각 부서에서 지출하고, 일반지출은 회계과에서 지출하기 때문에 구분이 필요하지만, 읍면동사무소라면 구별이 불필요합니다. 읍면동사무소에서는 회계 담당자 1명이 일상경비, 일반지출 구분 없이 다 지출하고 있으니까요.

일상경비 종류는?

우리 시의 일상경비는 4개 편성목, 15개 통계목입니다.

– 일반운영비(사무관리비, 공공운영비, 행사운영비, 맞춤형복지제도시행경비)

– 여비(국내여비, 월액여비, 국외업무여비, 국제화여비, 공무원 교육여비)

– 업무추진비(기관운영, 정원가산, 시책추진, 부서운영 업무추진비)

– 직무수행경비(직책급 업무수행경비, 특정업무경비)

괄호 안에 있는 15개 통계목 중 자주 사용하는 일상경비는 아래와 같습니다.

– 사무관리비, 공공운영비, 행사운영비

– 여비

– 업무추진비

참고로 일상경비 종류는 각 시마다 조금씩 다를 수 있습니다. 매년 1월 회계과에서 공문으로 각 부서에게 안내를 하기 때문에 공문을 찾아보면 각 조직에 맞는 일상경비 범위를 더 정확히 알 수 있습니다. 우리 시 회계과 공문 제목은 다음과 같습니다.

수신 수신자 참조
(경유)
제목 2023년 일상경비 교부범위 결정 및 운영 계획 통보

2023년 일상경비 교부범위를 아래와 같이 결정하고 통보하오니, 일상경비출납원은 각 지출원에게 아래의 일상경비 교부범위 내에서 교부 신청하여 주시기 바랍니다.

◼ 일상경비의 교부범위 (5개 편성목, 17개 통계목)

○ 일반운영비 : 사무관리비, 공공운영비, 행사운영비, 맞춤형복지제도시행경비
○ 업무추진비 : 기관운영업무추진비, 정원가산업무추진비, 시책추진업무추진비, 부서운영업무추진비
○ 직무수행경비 : 직책급업무수행경비, 특정업무경비
○ 여 비 : 국내여비, 월액여비, 국외업무여비, 국제화여비, 공무원 교육여비
  ☞ 여비 1회 교부한도 1천만 원 범위 내
○ 시설비및부대비 : 시설비, 시설부대비
  ☞ 시설비 및 부대비 1회 교부한도 500만원 범위 내
  ☞ 회계과-452(2023. 1. 3.)호 「건설공사 재해예방 기술지도용역 계약절차 변경 안내」 참고

붙임 1. 2023년 일상경비 교부 및 운영계획 1부.
   2. 일상경비 교부 해당 부서 1부. 끝.

(출처: 경기도 ○○시 회계과 공문)

일상경비 범위를 결정하는 상위법령은 「지방회계법 시행령」 제38조입니다. 일상경비 범위 근거는 어디에서 왔을까? 하는 궁금증이 생길 때면 상위법 근거를 한 번씩 찾아보는 것이 좋습니다. 순간의 호기심을 애써 외면하지 않고 근거를 찾아 기록해 나가는 것이 일잘러로 가는 지름길입니다.

「지방회계법 시행령」제38조 (일상경비등의 범위)

1. 여비

2. 일반운영비

3. 지출원이 없는 관서의 경비

4. 장소가 일정하지 아니한 사무소의 경비

5. 각 관서가 시행하는 공사·제조 또는 조림(造林)에 드는 경비

6. 많은 사람에게 소액을 직접 지급하는 경비

7. 외국에서 지급하는 경비

8. 선박운항에 드는 경비

9. 지방채증권 또는 차입금의 원리금의 지급

10. 해당 지방자치단체의 관할구역 외에서 지급하는 경비

11. 공무원 및 그 밖의 직원에게 지급하는 보수·수당·정액의 복리후생비

12. 각종 수당·사례금 및 업무추진비

13. 각 관서에서 필요한 부식물의 매입경비 또는 공사·시험·검사에 필요
한 재료의 구입비

 (이하 생략)

일반지출은 회계과에서

　회계과에서 이루어지는 지출을 일반지출이라고 합니다. 일반이
라는 말을 일상보다 큰 개념이라고 이해하면 기억하기 쉽습니다.
계약팀에서 계약을 하고 지출 되는 건을 계약지출이라고 하지만
여기서 계약지출에 대한 설명은 생략하겠습니다.

일반지출 〉 일상경비

　회계과에서 지출하는 과목은 일상경비를 제외한 통계목입니다. 일상경비 통계목과 함께 일반지출 통계목을 모두 외워놓기보다는 앞에서 설명한 일상경비 통계목만 기억하는 것이 좋습니다. 일상경비 과목을 제외한 나머지는 다 회계과 지출인 일반지출이구나 생각하면 되니까요.

　외울 필요까지는 없지만 그래도 회계과에서 지출하는 일반지출 통계목 몇 개만 알아볼까요? 자산취득비, 급여, 보조금, 보상금 등이 있습니다. 자산취득비는 사무관리비로 살 수 없는 물품을 살 때 지출하는 통계목입니다. 급여, 보조금, 보상금으로 끝나는 예산과목은 회계과에서 지출하는 일반지출 건입니다. 일반지출은 지출서류를 구비해서 회계과로 가져다줍니다. 보조금에는 민간행사보조금 등이 있고, 보상금에는 행사실비지원금 등이 있습니다.

지출원 vs 일상경비출납원

　일상경비와 일반지출을 비교할 때 지출원과 일상경비출납원이라는 두 직위에 대한 이야기를 빼놓을 수가 없습니다. 지출원은 시청 및 출장소 등 관서별로 각 1명씩인데, 시청의 지출원은 회계과 경리팀장입니다.

일상경비출납원은 모든 부서의 주무팀장입니다. 관서별로 지출원은 1명이고, 일상경비출납원은 각 부서마다 있으니 여러 명입니다.

행사운영비 vs 행사실비지원금

일상경비와 일반지출을 구별할 때 가장 유의해야 하는 통계목은 행사운영비와 행사실비지원금입니다. 우리 시의 경우 행사운영비는 일상경비이고, 행사실비지원금은 일반지출이라 회계과에서 지출하는 통계목입니다.

둘 다 이름에 '행사'가 붙어 있어서 행사 때 쓰는 통계목이구나 하는 생각이 우선 드실 텐데요. 행사운영비는 일상경비에 속해 있어서 각 부서에서 지출하고, 행사실비지원금은 일상경비가 아닌 일반지출 건이라 회계과로 지출결의서 서류 일체를 가져다줘야 합니다.

행사운영비와 행사실비지원금에 대해서는 세부적으로 알아두어야 할 것들이 있어서 〈2장 7. 행사운영비 vs 행사실비지원금〉에서 별도로 설명할 예정입니다.

4. 일반회계 vs 특별회계 vs 기금

예산은 크게 3가지

예산이 일반회계, 특별회계, 기금 3가지로 나뉜다는 건 앞서 55쪽에도 이야기했습니다. 여기에서는 일반회계, 특별회계, 기금의 차이점을 구체적으로 설명해볼까 합니다.

일반회계는 말 그대로 일반적인 회계입니다. 지자체별로 조금 차이가 있지만 전체 예산의 80% 정도를 차지합니다. 일반이라는 말이 붙은 만큼 일반적인 예산이라고 할 수 있는데요. 세금 등의 재원으로 시민을 위한 일반행정 기능을 유지하는 데 쓰이는 자금입니다.

특별회계란, 특별이란 단어대로 특수한 목적을 수행하기 위한 자금입니다. 특수한 목적을 수행하기 위해서 일반회계에서 분리된 만큼 특수 목적을 위한 곳에만 쓰여야 합니다. 특정한 수입이 특정한 지출로 연결되는 특징이 있습니다.

일반회계에서는 특정한 수입이나 특정한 목적이라는 단어를 쓰지 않는데, 그 말은 어떤 수입으로 들어온 돈이 꼭 그 수입과 관련된 지출로 쓰이지 않는다는 의미입니다. 특정 수입이 특정 지출로 연결되는 것이 특별회계입니다.

특별회계 예를 몇 가지 들어볼까요?

폐기물처리시설 특별회계

상수도사업 특별회계

주민소득지원사업 특별회계

발전소주변지역지원 특별회계

교통사업 특별회계

도시재생 특별회계

의료급여기금 특별회계

의료급여기금 특별회계는 기금이라는 이름이 포함되어 기금처럼 보이지만, 특별회계로 끝나기 때문에 특별회계입니다.

기금은 특정한 목적을 위해 자금을 신축적으로 운용할 필요가 있을 때 설치합니다. 기금도 예시를 보면 이해가 더 빠를 수 있으니, 종류를 나열해 보겠습니다.

재난관리기금

체육진흥기금

사회복지기금

노인복지기금

양성평등기금

각 기금 이름을 들으니 뭔가 긴급할 때 필요한 자금이거나 특정 사용이 필요한 자금이겠다 싶은 느낌이 들지 않나요? 유연한 사용이 가능한 기금이라도 회계처리 기준에는 적합해야 합니다. 사용이 자유롭다고 이해하기엔 무리가 있기 때문에 신중한 사용이 필요한 항목이기도 합니다.

예산 계획은 다르지만, 집행 방법은 같다

일반회계, 특별회계, 기금은 각자 다른 예산 계획으로 출발했지만, 자금이 나가는 회계 집행 방식은 같다고 보면 됩니다. 특별하다고 해서 회계 지출 방법이 더 어렵다거나 기금으로 설정되어 자유롭게 느껴진다고 해서 사용법이 자유롭지는 않습니다.

일반회계가 전체 예산의 80%이니 우선 일반회계에 대해서 알아간다고 생각하고 특별회계와 기금은 추후에 알아보는 것이 좋은 방법입니다.

5. 세입세출외현금 vs 세외수입

세입세출외현금과 세외수입을 정확히 구별해서 사용하는 직원은 의외로 드물었습니다. 그만큼 헷갈리기 때문인데요. 세입세출외현금과 세외수입이 어떤 차이가 있는지 최근에 있었던 사례로 설명해 보겠습니다.

자동차세 환급금 처리 방법은?

예전 함께 근무했던 직원에게서 전화가 왔습니다. 자동차세를 환급받았는데 어떻게 해야 할지 모르겠다는 이야기였습니다. 질문을 요약해보면 환급금 1,500만 원을 어떻게 처리해야 하는지에 대한 질문이었는데요. 우선, 제가 먼저 질문을 했습니다.

나: "환급금 1,500만 원은 무슨 통장으로 받았어요?"
직원: "회계과 통장으로요."

회계과 통장이라고 했지만, 회계과에서 관리하는 통장은 여러 가지입니다. 통장마다 각각 이름이 있지만, 회계 담당자가 아닌 다음에야 무슨 통장인지 정확하게 설명하기 힘든 게 사실입니다. 그래서 제가 다시 물었습니다.

나: "회계과 경리팀 세입세출외현금 담당자 통장으로 받으셨다
　　는 거죠?"
직원: "네."

세입세출외현금 통장은 시청에 1개밖에 없습니다. 각 부서에는 세입세출외현금이라는 통장은 없습니다. 그래서 세입세출외현금 담당자인 세입세출외현금출납원도 시청에 1명입니다.

나: "아. 그럼, 이제 그 돈을 세입 처리를 하면 되는데요. 세입 처
　　리를 한다는 건 세외수입으로 고지서를 발행해서 수납해 주
　　는 거예요."
직원: "세외수입으로 수납처리요? 세입세출외랑 달라요? 세입
　　세출외현금 통장으로 받았으면 끝나는 거 아니에요?"
나: "네, 세입세출외현금 통장은 임시로 넣어 놓는 곳이고요.
　　'외'가 붙은 이름 그대로 세입도 아니고 세출도 아니라서 그
　　통장은 임시 통장이라고 보시면 편해요. 임시 상황이 종료되
　　면 세입으로 넣어주던지, 세출로 나가줘야 해요."

직원: "그럼, 세외수입 고지서 처리를 해 주면 끝나나요?"

나: "네, 세외수입 처리를 할 때 통계목은 그외수입으로 해 주시고, 1,500만 원이라는 돈이 수입으로 잡혔으니 추경에 세입예산으로도 잡아주세요. 세외수입 고지서로 들어왔다는 건 세입이 늘어났기 때문에 추경(추가경정예산, 추가로 변경된 예산) 예산으로도 세입 금액을 늘려주는 거예요."

직원: "아~ 그럼, 제 입으로 한 번 더 말해 볼게요. 세입세출외현금 통장에 있는 돈을 세외수입 고지서로 처리하고, 추경에 세입예산으로 포함해 주면 된다는 거죠?"

나: "네~ 맞아요. 역쉬, 하나를 알려드리면 열 개를 아신다니깐요~"

세입세출외현금, 세외수입 근거 법령

「지방재정법 시행령」 제40조(세입세출예산 외로 처리할 수 있는 경비의 범위)

1. 공공시설 손실부담
2. 계약보증·입찰보증·차액보증 및 하자보수보증
3. 다른 법률에 의한 예치
4. 사무관리상 필요에 의해 지방자치단체가 일시적으로 보관하는 경비
   (이하생략)

> 「지방자치단체 예산편성 운영기준」 제5조(세입예산 과목구분과 설정)
>
> 세입예산은 수입의 성질에 따라 지방세수입, 세외수입, 지방교부세, 조정교부금, 보조금, 지방채, 보전수입, 내부거래 등으로 구분하며, 장·관·항·목별 세부 분류 내용은 별표 8과 같다.

차이점이 헷갈릴 땐 말로 설명해보자

세입세출외현금과 세외수입을 구별하는데, 저도 시간이 걸렸습니다. 말로 설명하기까지는 불과 몇 년 되지 않았는데, 제대로 이해했는지 헷갈릴 때는 옆 직원에게 말로 설명해 봅니다. 설명이 가능하다면 제대로 이해한 것이니까요.

딱 한 번만 제대로 이해해 놓으면 헷갈리지 않습니다. 그 한번을 해 놓지 않으면 계속 헷갈리게 됩니다. 헷갈리는 순간을 놓치지 않고, 지금 한 번만 정리해보고 가시기 바랍니다. 정리해 놓은 메모를 이 책에 붙여주세요. 나중에 회계를 많이 알게 된 다음에 이 책을 다시 읽는다면 아는 내용도 새롭게 다가올 수 있습니다.

세입세출외현금은 줄여서 '세입세출외'라고 부른다

'세입세출외현금'을 줄여서 '세입세출외'라고도 부릅니다. '세입세출외'라고 하면 '세외수입'과 헷갈리는 경우가 있으니 줄임단어 까지 알아놓는 게 좋습니다.

누군가가 '세입세출외'라는 단어를 말했다고 해서 그 사람이 정확하게 의미를 알고 말을 했을거라 생각하지 않는게 좋습니다. 말하는 사람도 구별하지 못하고 말하는 경우가 있기 때문입니다.

'세입세출외현금'과 '세외수입'을 구별하고 말한 것인지, 조심스럽게 한 번 더 확인하고 넘어가는 게 실수를 줄이는 방법입니다.

보고서에 글로 작성된 문구가 아니라면 말이죠. 실제 '세외수입'이라고 말하고 있으면서 '세입세출외현금'인 임시통장을 의미하는 경우가 많았습니다. '세입세출외현금'을 표현하고 싶으면서 입으로는 '세외수입'이라고 하는 거죠.

경험상, 세입세출외현금과 세외수입을 헷갈리는 건 직원뿐은 아니었습니다. 팀장, 과장도 정확히 구별하지 못하고 사용하는 경우가 있으니 한 번 더 조심스럽게 여쭙고 넘어가 줍니다. '세외수입'으로 처리해야 할 것을 '세입세출외'로 처리해 놓으면 세입 예산 잡는 시기를 놓쳐서 의도치 않게 나중에 큰 실수가 될 수 있으니까요.

특히, 회계연도가 마감되는 연말이라면 돌다리도 두들기고 넘어간다는 심정으로 한 번 더 물어보고 처리하는게 좋습니다.

6. 소규모 수선비 vs 시설물 유지관리비 vs 수리비

여기에서는 3가지 수리비에 대한 차이를 설명해 볼까 합니다. 수리비를 사용해야 할 필요가 있을 때 이 중 어느 통계목을 사용해야 하는지 궁금해질 때가 자주 있거든요.

사무실 손잡이를 번호 키로 교체하는 상황을 예로 들어보겠습니다.

비밀번호 도어락은 그다지 비싸지 않으니 '소규모 수선비'로 지출해야 할까요? 아니면 '시설물 유지관리비'로 지출해야 할까요?
소규모 수선비에서 '소규모'라는 금액은 얼마까지를 말하는 것일까요?

문은 시설물이라고 볼 수 있으니 '시설물 유지관리비'로 지출해야 할까요? 아니면 말 그대로 '수리비'이니까 '시설비' 통계목이라고 봐야 할까요?

사무관리비 vs 공공운영비 vs 시설비

소규모 수선비, 시설물 유지관리비, 수리비는 이름이 비슷해 보이지만 각각 다른 통계목에 속해 있습니다. 통계목은 자금이 집행되는 가장 작은 단위입니다.

소규모 수선비, 시설물 유지관리비, 수리비가 어느 통계목에 각각 포함되는지를 왜 알아야 할까요? 통계목을 구별하지 못하면 자금을 잘못 집행하게 되기 때문입니다.

소규모 수선비는 사무관리비입니다.
시설물 유지관리비는 공공운영비입니다.
수리비는 시설비입니다.

「지방자치단체 회계관리에 관한 훈령」에는 별도로 표로 설명해주고 있습니다. 훈령에서 표로 구별하여 따로 설명해주고 있다는 것은 그만큼 비슷하기 때문입니다. 중요하기 때문에 구별해서 사용해 달라는 당부 같은 의미도 담겨 있고요. 다음 쪽에서 훈령 내용을 확인해보겠습니다.

일반수용비: 기계, 기구, 집기 및 기타 공작물의 <u>소규모 수선비</u>

시설장비유지비: 건물 및 건축설비(구축물, 기계장비), 공구, 기구, 비품, 기타 <u>시설물의 유지관리비</u>

시설비: 주로 자본형성적 경비로서 도로, 하천의 개보수, 청사의 대규모 도장 등 그 내용연수가 길고 비용투입의 효과가 장기간에 걸쳐 나타나는 <u>대규모 수리비</u>

출처: 「지방자치단체 회계관리에 관한 훈령」

이렇게 표로 잘 설명해 주고 있지만, 왠지 읽어도 이해가 잘 안 됩니다. 그럴 땐 각각의 핵심 키워드만 알고 있는 게 좋은데요.

- **소규모 수선비 ⇨ 사무관리비: 집기 및 공작물의 소규모 수선비**
- **시설물 유지관리비 ⇨ 공공운영비: 건물, 비품, 시설물의 유지관리비**
- **수리비 ⇨ 시설비: 대규모, 장기간, 내용연수**

위 훈령의 세 번째 '시설비'는 명확해서 좀처럼 헷갈리지 않습니다. 대규모 내용연수를 증가시키는 장기간 공사를 '시설비'라고 생각하면 됩니다. 실무에서 고민하는 부분은 사무관리비의 소규모 수선비와 공공운영비의 시설물 유지관리비입니다.

사무실 문손잡이 교체

다시 사무실 손잡이 교체 건으로 가 보겠습니다. 사무실 손잡이는 집기의 소규모 수선비로 봐서 사무관리비로 집행할 수 있습니다. 그런데 이게 정답일까요? 꼭 그렇지만은 않습니다.

문손잡이는 독립적으로는 효용가치가 없는 물품입니다. 시설물의 일부라고 보고 '시설물 유지관리비'인 공공운영비로 지출할 수도 있습니다.

아니, 그래서 어떤 과목으로 집행해야 정답이라는 거지?라는 생각이 들 수 있습니다. 그러니깐 저도 이렇게 말하기 정말 곤란합니다만 사무관리비와 공공운영비 둘 다 틀리지 않습니다. 인생에 정답이 없듯이 회계에도 정답은 없다고나 할까요? 인생에는 정답이 없더라도 회계에는 정답이 있는 줄 알고 계셨던 분들께는 살짝 실망감을 드리는 것 같습니다.

우선 사무실 문손잡이의 경우엔 그렇습니다. 문손잡이가 아닌 다른 경우에는 또 다르게 해석할 수도 있습니다.

회계를 답이 떨어지는 수학 같은 과목이라 생각하기도 합니다. 하지만 실무를 하다 보면 수학처럼 딱 떨어지는 답이 나오지 않는 과목이라는 사실을 알게 됩니다. 회계를 대학교나 대학원에서 전공하지도 않았고, 사기업에서 회계 업무를 해본 적도 없지만 최소

한 제가 만난 공공분야 회계는 그랬습니다.

사무관리비도 가능하고 공공운영비도 가능한 경우의 수 때문에 어렵게 느껴질 때도 있었습니다. 하지만 그런 부분 때문에 회계 업무가 재밌게 느껴질 때가 훨씬 더 많았습니다.

어떤 수리인지 미리 상상해 보자

사무실 에어컨이 고장 나서 고쳐야 하는 상황이라고 가정해 보겠습니다.

문손잡이 수리할 때처럼 우선 고민부터 하게 됩니다. 에어컨은 사무관리비 속 '소규모 수리비'일까요? 공공운영비 속 '시설물 유지관리비'일까요?

숫자 너머의 것을 상상해 보는 게 회계입니다. 회계는 단순히 숫자 놀음이 아닙니다. 자금이 나가는 흐름을 상상해 보는 습관을 가져보면 어떨까요? 어느 순간 회계는 숫자가 아니라고 느껴지게 됩니다.

회계 업무에서 자금을 지출하고 서류를 챙기기에만 급급하지 않았으면 좋겠습니다. 처음부터 끝까지 머릿속으로 그림을 그릴 줄 아는 사람이 되었으면 좋습니다. 그것이 바로 회계를 잘하는 길이니까요.

그렇다면 에어컨은 어떤 통계목을 사용하면 될까요? 사무관리비일까요? 공공운영비일까요? 여기에 대한 답은 〈3장 사례로 기억하면 회계가 쉽다〉에서 찾을 수 있습니다.

7. 행사운영비 vs 행사실비지원금

행사운영비와 행사실비지원금에 대해서는 〈1장 2. 회계를 알면 행사가 그려진다〉에서 간략히 설명했습니다. 여기에서는 행사운영비와 행사실비지원금 2가지 통계목 차이점 구별이 가능하도록 자세하게 설명해볼까 합니다.

행사운영비와 행사실비지원금은 왜 구별해야 할까요?

행사운영비와 행사실비지원금에는 '행사'라는 글자가 들어갑니다. 이름에 행사가 붙어 있기 때문에 행사와 관련한 예산이라는 건 쉽게 유추할 수 있습니다.

이 2가지 통계목을 구별해줘야 하는 가장 큰 이유가 뭘까요? 그 이유는 다름 아닌 밥값(식비) 때문입니다. 밥값이요? 네, 밥값 때문에 이 2가지 과목을 구별해줘야 합니다. 밥이 별거 아니라고 생각하기 쉽지만, 실제 행사를 하면 식비가 중요한 부분을 차지합니다.

비싼 밥을 먹어야 한다는 이야기가 아니라 행사운영비로 식사를 할 수 있는 대상과 행사실비지원금으로 식사를 할 수 있는 대상이 차이가 나기 때문입니다.

행사운영비는 공무원이나 운영진 식비 지출이 가능합니다. 행사실비지원금은 참석자, 민간인 식비 지출이 가능하고요. 행사운영비와 행사실비원금의 차이를 알고 있어야 예산을 세울 때 항목을 구분해서 잡아 놓을 수 있습니다. 행사 당일 카드 결제도 따로 해 놓아야 각각의 지출서류에도 첨부할 수 있습니다.

운영진과 참석자가 같은 식당에서 함께 밥을 먹는다고 한꺼번에 카드를 긁어버리면 곤란해집니다. 나중에 한꺼번에 긁은 영수증을 둘로 나눠야 해서 다시 밥 먹은 식당에 들러야 할 지도 모르기 때문입니다.

행사운영비는 일상경비입니다.

행사운영비는 일상경비입니다. 일상경비란 일상적인 경비로 각 부서에서 직접 지출하는 과목이라고 앞에서 설명했습니다. 일상적이라고 해서 지출서류가 간소화된다는 의미는 아닙니다. 단지 회계과에 가져다주지 않고 부서 회계 담당자가 직접 지출한다는 것입니다.

회계과에서 지출업무를 할 당시, 행사운영비 서류를 들고 회계과를 방문하는 경우를 종종 보았습니다. 지출 담당자야 종종 있는 일이라 대수롭지 않게 여기지만, 막상 부서에서 지출해야 할 서류를 회계과로 가져가는 실수를 하면 기억에 오래 남을지도 모르니 행사운영비는 일상경비라고 알아두는 게 좋습니다. 기억에 남을 추억을 한번 만든 직원이라면 절대 헷갈리지 않을 테니 필요한 경험이라고 해야 할까요?

행사실비지원금은 일반지출입니다

행사실비지원금의 이름은 원래 '행사실비보상금'이었습니다. '보상금'으로 끝난다는 건 민간인을 위한 예산과목이라는 의미입니다.

보상금은 아래와 같은 곳에 지출합니다.

- **교육, 세미나, 공청회, 회의 참석자 급량비, 교통비**
- **행사 출연자 및 발표자의 반대급부적 사례금**
- **산업시찰, 견학, 참여를 위한 실비**

'행사실비보상금'을 뜯어서 풀이해 본다면, ① 행사: 행사와 관련된 ② 실비: 실제 사용한 금액만큼 ③ 보상금: 민간인에게 지급되는 예산과목이라고 해석할 수 있습니다.

우리 시의 경우, '보상금'으로 끝나는 과목은 일상경비가 아닙니다. 회계과에서 지출하는 일반지출입니다. 회계과에서 지출해주는 과목이라고 해서 특별히 어렵게 느껴질 수 있지만, 첨부 서류는 크게 다르지 않으니 겁먹을 필요는 전혀 없습니다.

※ 보상금이 일상경비인 지자체도 있습니다. 각 시의 〈일상경비 교부 범위 안내〉 공문을 참고하세요.

행사 예산과목엔 뭐가 있을까?

전체 예산과목 중 행사 관련 과목은 4가지가 있습니다.

행사운영비
행사관련시설비
행사실비지원금
민간행사사업보조

위 2가지 통계목인 행사운영비와 행사관련시설비는 지자체가 직접 사업을 시행할 때 사용하는 예산과목입니다. 행사실비지원 금과 민간행사사업보조는 민간사업을 지원할 때 사용하는 과목이고요.

4개 과목에 다 행사라는 단어가 들어있으니 우선 행사와 관련한 예산과목이라고 쉽게 구별됩니다. 예산과목명을 뜯어보면 직관적으로 만들어져 있는 경우를 보게 됩니다. 행사와 관련된 과목에는 행사라는 단어가 다 들어있는 것처럼 말이죠.

회계 용어를 비교하면 명확해진다는 생각에 이번 장에서는 용어 비교를 해 보고 있습니다. 회계 용어는 대부분 한자어로 되어 있습니다. 이러한 용어 비교와 함께 각 단어의 속뜻을 해부해서 이해하는 습관을 들이면 좋습니다.

행사+실비+지원금은 행사에 쓰는 자금이고, 실제 사용한 만큼 실비로 지원되며, 민간에게 지원되는 자금이라고 이해하는 것입니다.

민간+행사+사업+보조는 행정에서 직접 사용하는 자금이 아니라 민간에게 지급하는 자금이고, 행사사업에 보조금으로 지출되는 자금이라고 이해합니다.

행사나 축제를 준비할 때 이 4가지 예산과목 차이점을 미리 알고 있다면 사업 추진하기가 조금 수월해질 수 있습니다. 예산과목 전체를 모두 알고 있기란 불가능할지도 모르니까요. 행사 관련 예산은 이 4가지가 전부이므로 나는 이제 행사 관련 모든 예산과목은 다 알고 있다는 생각으로 자신감 있게 행사 준비를 시작했으면 하는 바람입니다.

결론적으로 한 번 더 정리하면, 행사할 때는 이 4가지 예산과목의 특징부터 생각하기, 막연한 사업 계획을 세우기에 앞서 예산과목과 회계 지출 방법 생각하기, 행사에 앞서 예산에서 회계까지 시뮬레이션을 한번 돌려보기. 이렇게만 해 본다면 멀게만 느껴지는 사업 계획이 한 뼘 가깝게 느껴질 것이라 생각합니다.

행사는 당일까지 긴장을 놓칠 수 없는 사업입니다. 회계 지식으로 업무 부담이 조금이나마 덜어졌으면 좋겠습니다.

8. 보조금 vs 위탁금 vs 출연금

보조금, 위탁금, 출연금은 왜 구별해야 할까요?

얼마 전 아는 팀장으로부터 전화를 받았습니다.

팀장: "은희팀장, 뭐 하나 물어봐도 돼? 이번 우리 과에서 노인
　　　복지 사업을 추진하는 중에 민간단체에게 차량 지원을 해
　　　주려고 하는데 말야. 민간단체에게 차량 지원 가능해? 가
　　　능하다면 어떤 예산으로 가능한 거야?"

나: "아~ 네. 민간단체에게 차량 지원 사업을 하려고 하시는군
　　요. 사업 목적이 차량지원이에요? 아니면 사업 중 일부가
　　차량 지원이에요? 그런데, 해당 민간단체 성격은 어떻게
　　돼요? 위탁금을 받는 단체예요? 보조금만 받는 단체예요?"

팀장: "응, 사업 중 일부로 차량 지원이 가능한지를 검토해 보고
　　　있어. 윗분들의 아이디어라 가능한지 검토해보려고. 그런
　　　데, 예산을 알려면 단체의 성격을 알아야 하는 거야?"

나: "네. 지급받는 단체의 성격을 알아야 어느 예산으로 가능할
　　지를 대입해서 생각해 볼 수 있거든요"

팀장: "그렇구나, 거기까지는 전혀 생각 못 했네. 단체가 위탁금
　　을 받는 단체인지, 보조금을 받는 단체인지 알아보고 다시
　　연락할게."

나: "네, 알겠습니다. 알아보시다가 막히는 거 있으시면 언제든
　　연락해주세요. 저도 모든 것을 다 알지는 못하지만 예산
　　회계 관련 고민이라면 언제든 도와 드릴게요."

　선배 팀장들이 업무를 하다 회계에서 막힐 때면 종종 전화하시
는데 경력이 20년이 넘고 팀장이 되었다고 공공영역의 모든 부분
을 알 수는 없습니다. 특히 행정직의 경우 약 2년마다 부서 이동을
해서 매번 새로운 업무를 접하기 때문입니다.

　질문의 핵심은 보조금, 위탁금, 출연금 중 어떤 예산으로 집행이
가능하냐는 것이었습니다. 어느 단체에 사업비를 교부해서 업무를
맡기고 싶은데, 사업의 성격상 어떤 예산으로 지급해야 할지가 고
민이라 사업추진을 망설이고 있었습니다.

　사업 담당자들은 사업만이 업무라는 생각을 하곤 합니다. 예산
회계는 부수적인 업무라고 생각하기 쉽고요. 그래서 사업만 잘하
면 될 것 같지만, 막상 예산의 특징을 구별하지 못해서 사업을 시
작조차 못하는 경우가 있다는 걸 저도 이때 처음 알았습니다.

보조금, 위탁금, 출연금 차이가 뭘까요?

가장 큰 차이점은 누가 원해서 예산이 집행되느냐입니다.

우선, 보조금은 보조받는 사람이 원하는 예산입니다. '이 사업을 하고 싶은데, 보조금을 지원해 주세요'라는 생각으로 보조금 신청서를 작성합니다. 신청서를 검토한 후 교부 결정을 통해 보조금을 지급하게 됩니다.

위탁금은 지자체가 모든 사업을 할 수 없으니 '우리 사업을 대신해 주세요' 할 때 사용하는 과목입니다. 민간 위탁 조례에 의해 용도를 지정해서 지급하는 예산입니다.

출연금이란 출자출연기관에 지급되는 예산입니다. 특정한 목적을 위해 만들어진 출자출연기관에 사업을 맡기면서 지급되는 예산입니다. 출자출연기관은 재단 등이 있습니다.

보조금은 자기 부담금이 있습니다

보조금은 보조금 비율과 자부담 비율이 있습니다. 자기 부담금을 자부담이라고도 합니다. 보조금을 지급할 때 자부담 30%라고 표현한다면 예산에서 70%를 지원해 주는 사업이라는 의미입니다.

위탁금은 '해주십사'하는 업무입니다

보조금이 보조금을 받는 사람이 요청해서 지급되는 자금이라면 위탁금은 주는 사람이 요청하여 지급되는 예산입니다. 지자체에서 모든 업무를 다 할 수 없으니 '이 업무를 해 주세요' 하는 입장에서 지급되는 예산입니다.

'민간 위탁 조례'에 의해 용도가 지정되는 사업에 지급됩니다. 자기 부담금 없이 비용 전체를 부담하게 되는 경우가 많습니다. 보조금과 위탁금이 헷갈릴 경우에는 누구의 요청에 의한 사업인가로 구별해 줍니다.

출연금은 반납하지 않습니다.

출연금은 이 3가지 과목 중 유일하게 반납하지 않는 예산입니다. 반납하지 않는다고 해서 정산하지 않는다는 의미는 아닙니다. 이론적으로는 반납과 정산을 하지 않는다고 되어있으나 실무적으로 반납하지 않을 뿐 자체적인 정산은 해야 합니다. 출연금에 대한 정산이 규정되어 있지 않다 보니 창원시 등 일부 지자체에서는 정산을 의무화하는 조례를 만들어 시행하는 곳도 있습니다.

1년 회계연도가 12월 31일로 종료하면 남은 예산은 반납하게 되어 있습니다. 정산이 필요하지 않다는 것은 남은 금액을 내년 예산으로 이월시킨다는 의미입니다.

출자출연기관인 재단에서는 출연금과 위탁금, 보조금을 각각 별도로 교부 받고, 각 예산 특성에 맞는 사업을 계획해서 시행합니다. 연말이 되면 위탁금과 보조금은 정산해서 반납하고 출연금은 내년 예산으로 이월시키는 결산 작업을 진행합니다.

〈보조금, 출연금, 민간위탁금 비교〉

보조금	출연금	민간위탁금
해당 지자체 외의 자가 행하는 사무 또는 사업	지자체가 수행해야 할 사업을 민간에 예산지원	그 지자체의 사무 또는 사업
지방재정법 제17조, 제23조, 제32조의 2~10, 보조금관리조례	지방재정법 제18조, 출자출연기본법	지방자치법, 민간위탁 조례
용도지정 (원칙적으로 일부 부담)	일반출연금,(미지정) 목적출연금(지정) (일부 또는 전부 부담)	용도 지정
사후정산	정산 불필요	사후 정산
민간경상사업보조 등 보조금 과목	출연금 과목	민간위탁금, 민간(공기관 등) 위탁사업비

(출처: 예산회계실무 기본서(최기웅 외, 2022, 광문각)

9. 관외여비 vs 관내여비

여비는 어떻게 계산할까요?

여비는 출장비입니다. 출장을 다녀오면 받는 수당입니다. 출장비는 직접 청구해서 받을 때도 있고, 회계 담당자가 일괄 계산해서 출장을 다녀온 직원에게 지급하기도 합니다. 계산법을 딱 1번만 제대로 기억해 놓으면 평생 도움이 될 수 있으니 여기에서는 여비에 관한 이야기를 해 볼까 합니다.

여비는 크게 관내여비와 관외여비로 나뉩니다. 같은 시(市) 안에서 출장을 다녀와서 받는 출장비를 관내여비라고 하고, 시 경계를 벗어나는 출장을 다녀와서 받는 출장비를 관외여비라고 합니다.

출장비는 주는 사람이 알아서 산정해서 지급해 줄꺼라고 생각하기 쉽지만 출장비는 스스로 계산하는 법을 알아 놓아야 합니다. 그래야 출장비가 제대로 지급되었는지 확인할 수 있으니까요. 다른 사람에게 출장비를 줘야 하는 업무를 맡게 될 가능성도 높습니다. 우선 관내여비에 대해서 알아보겠습니다.

관내여비는 국내여비와 월액여비

관내여비는 지역 내 출장이라고 했습니다. 관내여비는 다시 국내여비와 월액여비로 나뉩니다.

국내여비는 시청에서 근무하는 직원들이 받는 여비를 국내여비라고 하고 월액여비는 월 일정액으로 읍면동사무소 직원들이 받는 여비를 말합니다.

읍면동사무소에서 근무하는 직원은 다음의 표에 나와 있는 것처럼 상시출장 공무원이라고 합니다. 읍면동사무소 직원들에게 출장은 업무 중 일상이기 때문에 국내여비가 아닌 월액여비를 받게 됩니다. 국내여비 말고 월액여비를 받는 이유는 조금 다른 계산법 때문입니다.

국내여비는 2만 원이고, 월액여비는 매월 일정 상한 금액이 있습니다. 월액여비 매월 상한금액이 만약 23만 원이라면 출장 일수에 따라 일할 계산합니다.

* 「공무원 여비 규정」 '관외'출장 여비 중 일비, 식비 25,000원으로 변경 (2023.3.2 시행)

〈상시출장 공무원의 여비 지급 기준〉

구분	지급 대상	지급 방법
상시 공무원의 여비	읍면동에 근무하는 공무원 (내근 직원 제외)	출장일수가 월 15일 이상일 때에는 전액을 지급하고, 월 15일 미만일 때에는 월정 여비를 15로 나눈 금액에 출장일수를 곱하여 산정한 금액을 지급하되, 관할구역 외에 출장한 일수와 본 업무 외의 용무로 출장한 일수는 제외한다.
	현장 민원처리 및 이와 유사한 업무에 직접 종사하는 공무원	
	불법행위에 대한 단속업무에 직접 종사하는 공무원	
	농업기술센터에서 기술지도 등의 업무에 직접 종사하는 공무원 (내근 직원 제외)	
	시설 안전점검 및 긴급보수 등의 업무에 직접 종사하는 공무원	
	위생업소 및 보육시설 등의 지도점검 업무에 직접 종사하는 공무원	
	체납세 징수 및 이와 유사한 업무에 직접 종사하는 공무원	
	방문 보건진료 업무에 직접 종사하는 공무원	

(출처: ○○시 지방공무원 여비 조례)

국내 여비는 2만 원 중 출장 시간이 4시간 미만이면 1만 원이 감액되고, 공용차량을 사용했다면 다시 1만 원이 감액됩니다. 2시간짜리 출장에 공용차량을 이용했다면 출장비는 얼마일까요? 2만 원에서 4시간 미만이므로 만 원 감액, 공용차량을 이용했으니 다시 만 원 감액, 결국 출장비는 0원입니다.

* 국내 여비 중 관외출장 일비, 식비 25,000원으로 변경 (2023.3.2)

출장비가 0원일 수도 있나요?

출장을 다녀왔지만 출장비가 없는 경우도 있을 수 있습니다. 상식적으로 이해하기 어렵고 출장을 다녀와서 받는 수당이 출장비라면 다녀온 사실만으로도 출장비가 지급될 것 같지만 현재 규정에 의하면 그렇습니다.

4시간 미만이고, 관용차량을 이용했을 경우에는요. 이 기준은 정액 2만 원인 국내여비일 경우에만 해당합니다. 월액여비에는 시간제한과 관용차량 기준은 없습니다.

읍면동사무소에 근무하는 직원들이 받는 월액여비는 어떻게 계산할까요?

월액여비는 각 지자체 예산 상황에 따라 금액 차이가 있습니다. 우선 월액여비 상한선이 23만 원이라고 가정하고 예를 들어 보겠습니다.

읍면동사무소에 근무하고 월 15일 이상 출장을 나갔다면 23만 원을 받습니다. 최대 출장 일수를 15일이라고 했을 때입니다. 이번 달 출장을 20일 이상 나갔어도 최대 금액인 23만 원을 받는 셈이죠. 읍면동사무소에 근무하는 직원들은 마을 어르신 댁을 방문하거나, 민원 현장을 확인해야 하는 출장 업무가 잦으니 시청 근무자들의 여비 계산법과는 차이가 있다고 보면 됩니다.

한달 중 7일만 출장을 나갔다면, 어떻게 계산하면 될까요?

230,000원을 15일로 나누면 하루 출장비는 15,333원입니다. 7일만 출장을 나갔다면 15,333원을 7일로 곱해서 지급받습니다.

15,333원 × 7일 = 107,331원

원 단위는 절사해서 107,330원을 출장비로 지급받게 됩니다. 매월 초에 지난 달 출장비를 한꺼번에 계산해서 받게 되는데, 출장비는 급여 담당자가 주는 게 아니라 각 부서 회계 담당자가 주는 것이므로 첫째 주에 출장비가 들어오지 않았다면, 각 부서 회계 담당자에게 문의하면 됩니다.

자신의 출장비가 제대로 입금되었는지 확인하려면 우선 출장비를 계산할 줄 알아야 합니다.

관외여비는 4가지 - 일비, 식비, 숙박비, 교통비

관외여비는 일비, 식비, 숙박비, 교통비 등 4가지로 구성됩니다. 이 4가지를 엑셀 표로 정리해서 청구하면 되는데 하나씩 풀어서 설명하겠습니다.

일비는 2만 원 정액입니다. 식비도 2만 원이고, 일비와 식비는 정액이라는 단어가 붙습니다.(「공무원 여비 규정」관외출장 여비 중 일비, 식비 25,000원으로 변경, 2023.3.2 시행) 정액이란 정해져 있다는 뜻입니다. 식비는 얼마 전까지 정액은 아니었습니다. 식비는 식사 시간이 아닐 경우 감액해서 준다는 규정이 있었지만 현재 그 규정은 없어져 식비도 일비와 동일하게 2만 원 정액으로 지급합니다. 공문에 점심을 준다고 명시되어 있다면 1/3을 감하고 줄 수 있다는 규정은 현재도 있습니다.

결론적으로 공문에 있다면 식비는 감액합니다. 공문에 없다면 정액으로 지급할 수 있습니다.

공문에 점심을 준다고 명시되어 있는 관외출장이란 어떤 출장일까요? 교육일 경우가 많은데, 교육 공문엔 점심을 주는지가 정확하게 적혀있으니 크게 걱정하지 않아도 됩니다.

다음은 숙박비를 알아볼까요? 숙박비는 실비입니다. 실비란 실제 사용한 금액을 의미합니다. 사용한 영수증 금액으로 청구할 수 있습니다. 영수증으로 청구 가능하다고 해서 금액과 상관없이 지급할 수 있는 건 아니고 숙박비에는 상한선이 있습니다.

서울특별시는 최대 7만 원, 광역시는 6만 원, 그 외는 5만 원입니다. 2명이 서울로 출장 가서 같은 방을 사용한다면 7만 원 곱하기 2명, 최대 14만 원까지 청구할 수 있습니다. 혹시 그 이상 금액이라면 상한액까지만 지급되고 나머지 금액은 자기 부담이라고 생각하면 됩니다.

구분	철도운임	선박운임	항공운임	자동차 (버스)운임	숙박비 (1박당)	식비 (1인당)	비고
제1호	실비 (특실)	실비 (1등급)	실비	실비	실비	25,000	숙박비 상한액 (출장지: 서울특별시 70,000, 광역시 60,000 그 밖의 지역 50,000)
제2호	실비 (일반실)	실비 (2등급)	실비	실비	실비	20,000	

(출처: ○○시 지방공무원 여비 조례)

* 「공무원 여비 규정」은 서울 10만 원, 광역시 8만 원, 그 밖의 지역 7만 원으로 변경 (2023.3.2) 143쪽 참고

교통비도 실비라고 표현하는데요. 대중교통 요금을 기준으로 한 실비입니다. 자차를 이용했다고 기름값을 준다는 의미는 아닙니다. 만약 서울 출장을 자기 차로 다녀왔다면 근무지에서 출장지까지 거리를 대중교통 요금으로 계산해서 지급받습니다.

가령, 부산시청에서 서울시청으로 출장을 다녀왔다고 해 볼까요?

부산시청 – 부산역 (지하철 또는 버스): 2,500원

부산역 – 서울역 (ktx): 40,000원

서울역 – 서울시청 (지하철 또는 버스): 2,500원

45,000원 × 2회 (왕복) = 9만 원

교통비로 9만 원을 청구할 수 있습니다. 교통비도 숙박비처럼 실비이기 때문에 영수증을 첨부해서 청구할 수 있습니다. 여기서 실무적인 고민이 발생하는데, 철도 영수증과 지하철 영수증까지는 첨부 가능하지만, 버스요금 영수증이 애매합니다. 출장을 다녀온 것이 확실하다면 버스요금 근거는 네이버 대중교통 지도를 활용합니다. 이 자료를 함께 출력해서 첨부합니다. 그렇다면 아래 그림처럼 네이버 대중교통 지도를 버스요금 영수증으로 첨부해도 될까요?

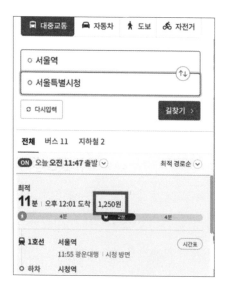

버스요금 영수증 첨부에 대한 논의는 갑을 의견에 조금 차이가 있습니다. 갑은 영수증을 첨부할 수 없으니 버스요금은 교통비로 지급할 수 없다는 의견입니다. 네이버 지도를 영수증으로 인정할 수 없다는 것이지요.

반면 을은 네이버 대중교통 지도를 첨부해서 지급할 수 있다는 의견입니다. 지도에 표시된 버스 요금을 교통비 영수증으로 인정이 가능하다는 것이고요.

저는 가능하다고 생각합니다. 그 근거는 「지방회계법」 제5조입니다.

「지방회계법」 제5조
1. 신뢰할 수 있는 객관적인 자료와 증명서류에 의하여 공정하게 처리
2. 재정 활동의 내용과 그 성과를 쉽게 파악할 수 있도록 충분한 정보를 제공하고 간단·명료하게 처리

「지방회계법」 제5조는 회계의 원칙을 설명해주고 있습니다. 단순한 원칙을 설명한 글이라고 생각하기 쉽지만, '회계란 무엇인가?'라는 큰 의미를 담고 있는 조항입니다.

「지방회계법」 제5조에 의하면 회계서류를 첨부할 때는 신뢰할 수 있는 객관적인 자료와 증명서류에 의하고, 충분한 정보를 제공

하고 간단 명료하게 처리하라고 되어 있습니다.

회계법 이하 규정에서는 회계처리 시 첨부해야 할 서류에 대해 명확하게 규정하고 있는 글은 찾아보기 힘듭니다. 공사·용역 계약 첨부 서류는「지방자치단체 입찰 및 계약 집행기준」에 나와 있지만 회계처리 모든 상황마다 첨부해야 할 서류들이 각각 다르기 때문입니다. 그럴 때마다 대원칙인「지방회계법」제5조를 다시 천천히 음미하면서 읽어보곤 합니다.

"객관적인 자료와 증명서류에 의하여 성과를 쉽게 파악할 수 있도록 충분한 정보를 간단 명료하게 처리한다."

이 대원칙에 의해 출장을 다녀온 것이 확실하다면 버스요금은 네이버 지도를 첨부한 것에 대해 인정하고 지급합니다.

출장비에 대한 생각

공무원 출장비가 쟁점이 될 때가 있습니다. 몇 년 치 출장비 명세를 정보공개 자료로 공개하라는 요청이 있을 때입니다. 감사 자료로 출장비 명세를 제출하라는 사안이 발생하기도 합니다.

공무원은 출장 가서 현장을 확인하며 업무에 충실히 임하고 있다고 생각하지만, 외부에서는 그렇지 않게 볼 때가 있습니다. 시간이 지나면 출장비 명세에 대한 입증을 추가로 하기 어려운 경우도 많습니다. 나중에 변경할 수 있는 일이라면야 얼마든지 나중에 챙겨도 되지만 그때만 가능한 것들은 그때그때 잘 챙겨두는 수밖에 없습니다. 출장을 다녀왔다면 근거 서류를 잘 첨부해 놓아야 합니다. 나중에는 입증하기가 어려워지니까요. 출장의 정당성은 객관적인 자료로 자연스럽게 입증되었으면 좋겠습니다.

『천 원을 경영하라』(박정부, 2022, 쌤앤파커스)는 우리나라 다이소(Daiso) 창업주 박정부 대표가 쓴 책입니다. '천 원을 경영해야 3조를 경영할 수 있다'고 하는데요. 천 원이 아주 많이 모이면 3조가 되겠지만, 천 원의 가치를 하찮게 보지 않았다는 점에 남다른 통찰이 있었습니다.

출장비를 소홀히 하는 사람이 과연 더 큰 업무에 대해서 정성스럽게 할 수 있을까요? 아무리 하찮아 보이는 업무도 나중에 어떤 부메랑이 되어 돌아와 곤란한 상황을 겪게 될지 모르니 조금 귀찮더라도 출장비는 그때그때 신경을 써 놓는 게 좋습니다. 작은 일에도 업무 이상의 의미를 찾아 즐겁게 해 나가는 사람이 되어주면 더욱 좋을 것 같습니다.

10. 세금계산서 vs 계산서 vs 현금지출증빙영수증

증빙은 사소하지만 중요합니다

몇 년 전 한 부서에서 세금계산서 때문에 감사에 걸린 사례가 있었습니다. 증빙 서류를 제대로 검토하지 못했기 때문입니다. 행사를 준비하면서 전문 업체와 용역 계약을 체결했습니다. 행사를 잘 끝내고 업체에서는 담당 부서에 청구서를 제출해서 대금을 지급받으려고 했고요.

당연히 청구서를 검토했고, 행사를 잘 마친 다음 대금을 지급했습니다. 그런데 나중에 지출 서류가 감사 조사에 걸렸습니다. 무엇이 문제였을까요? 청구서에 첨부한 세금계산서가 조작된 자료였습니다. 세금 신고가 제대로 되려면 전자세금계산서 발행을 통해 출력된 자료여야 하는데, 승인번호 없이 신고 누락된 세금계산서가 붙어 있었습니다.

세금계산서와 계산서의 차이는?

세금계산서라는 단어는 들어봤을 텐데요. 세금계산서 말고 계산서라는 것도 있습니다. 세금계산서와 계산서에는 어떤 차이점이 있을까요?

세금계산서는 이름 그대로 세금과 관련한 영수증입니다. 세금계산서 용지의 오른쪽 하단에는 영수함, 청구함에 체크하는 부분이 있는데요. 영수함에 체크하면 영수증의 효과가 있고, 청구함에 체크하면 대금을 지급받기 전 청구서의 효과가 있습니다.

계산서는 세금이 붙지 않는다는 의미의 영수증입니다. 여기서 세금이란 부가가치세입니다. 세금계산서는 부가가치세를 납부해야 하는 업체에서 발행하는 것입니다. 계산서는 세금이 면제되는 면세 사업자에게서 발행하는 청구양식입니다.

세금계산서가 아닌 계산서를 첨부했다고 자료를 다시 제출해달라는 직원이 있었습니다. 회계서류라고 해서 무조건 세금계산서를 첨부해야 하는 것은 아닙니다. 면세 사업자가 맞다면 계산서를 제출하는 것이 맞습니다.

세 금 계 산 서 (공급자 보관용)

책 번 호	권	호
일련번호		

	등록번호	○○○-08-00201				등록번호	000-00-00000		
공급자	상 호 (법인명)	○○세무회계	성명	임○○	공급받는자	상 호 (법인명)	홍길동	성명	홍길동
	사업장 주 소	서울특별시 영등포구 선유동〇로 30, 1호, 2층 (영등포동○가)				사업장 주 소	서울특별시 영등포구 선유동○로 30, 1호, 2층 (영등포동○가)		
	업 태	전문, 과학 및 기술서비스업	종목	공인회계사업		업 태	도소매업	종목	도소매

작 성			공 급 가 액									세 액									비 고
년	월	일	공란수	백	십	억	천	백	십	만	천	백	십	일	십	억	천	백	십	만	천	백	십	일
2020	7	24						7	0	0	0	0							7	0	0	0	

월	일	품 목	규 격	수 량	단 가	공 급 가 액	세 액	비 고
7	24	기장료				70,000	7,000	

합계금액	현 금	수 표	어 음	외상미수금	위 금액을 영수 함
77,000					

22226-28131일 '96.2.27 개정　　　　　　　　　　　　　　　　　182mm×128mm 인쇄용지

계 산 서 (공급받는자보관용)

책 번 호	권	호
일련 번호	-	

	등록번호	123-12-123456				등록번호	123-45-67892		
공급자	상 호 (법인명)	○○정보서비스	성명	박○○ (印)	공급받는자	상 호 (법인명)	5 ▼	○	(印)
	사업장 주 소	○○광역시 ○○				사업장 주 소	위와 동		
	업 태	출판업 등	종목	기장료 등		업 태	동 상	종목	동 상

작 성			공 급 가 액									비 고	
년	월	일	공란수	백	십	억	천	백	십	만	천	백	십	일
2007	4	20	5					6	0	0	0	0	0

월	일	품 목	규 격	수 량	단 가	공 급 가 액	비 고
		판매				600,000	

합 계 금 액	현 금	수 표	어 음	외상미수금	이 금액을 청구 함
₩_____600,000 ○	○	○	◉ ◎		

22226-28131 96. 2. 27개정　　　　　　　　　　　　　　　　182mm×128mm 인쇄용지 통급

세금계산서와 계산서의 예

현금지출증빙이란?

세금계산서와 함께 알아두면 좋은 현금지출증빙용 영수증이 있습니다.

현금지출증빙용 영수증은 언제 주로 사용하는 걸까요? 주로 식비를 결제할 때 이용하게 되는데, 야간 근무자의 식비를 회계 담당자가 한 달에 한번씩 식당에 지급할 때 이용하는 영수증입니다.

이는 식당 등 영세 자영업자들의 카드 수수료를 면제해 주기 위한 방법으로 영수증을 발행해서 현금으로 계좌이체를 해 주는 방식입니다. 카드로 전표를 끊지만, 카드 결제는 되지 않고 영수증 금액대로 식당 계좌로 입금해 줍니다. 카드 수수료를 면제해 주기 위한 방법이 바로 현금지출증빙용 영수증입니다.

증빙의 의미 - 디테일에 신경쓰자

증빙이 단순한 종이를 첨부하는 것이라고 생각하지만 증빙이란 업무의 정당성을 입증해 주는 자료입니다. 수고한 업체에게 정당한 대가를 지급할 때는 '세금계산서'를 받습니다. 고장난 열쇠를 수리할 때 면세사업자에게는 '계산서'를 받습니다. 초과근무 하는 직원들의 식비를 정산해 줄 때는 식당에서 '현금지출증빙용 영수증'을 첨부합니다.

하찮고 사소해서 무심코 넘겨버릴 수 있지만, 업무의 근거를 마련해 주는 소중한 자료입니다. 증빙 영수증마다 특징들을 구별해서 첨부해 줘야 합니다. 평소 업무는 잘해 놓고 증빙 서류를 허술하게 첨부하는 경우를 종종 보게 됩니다.

『일생에 한번은 고수를 만나라』(한근태, 2013, 미래의창)에서 한근태 작가는 10년간 수많은 CEO들을 만나며 현대판 무림고수의 특징을 정리해 놓았습니다. 고수의 특징 중 디테일 부분이 공감되어 일부를 소개합니다.

"고수들은 대부분 디테일에 강하다. 대충하고 얼렁뚱땅 지나가는 고수는 없다. 그래서 보통 사람들은 이런 면을 이해하지 못한다. 그리고 한마디 한다. "뭘 저렇게까지 하나, 대강 하지. 저래서야 피곤해서 어떻게 살까?" 하지만 모르는 소리이다. 그렇게 디테일에 집착했기 때문에 인정받고 오늘날 고수 대접을 받는 것이다.

그렇다면 왜 디테일이 그렇게 중요한 걸까?

첫째, 사업의 승부는 비전이나 전략 같은 큰 아젠다보다는 디테일에서 결정 나는 경우가 많기 때문이다. 둘째, 디테일이 강해야 제대로 된 관리를 할 수 있기 때문이다. 아무리 많이 벌어도 버는 것보다 쓰는 것이 많은 개인과 조직은 살아남지 못한다. 셋째, 디테일이 강해야 리스크를 줄일 수 있기 때문이다. 사람은 큰 돌에 걸려 넘어지지 않는다. 큰 돌은 보이기 때문에 피해 갈 수 있다. 개인도 그렇고 조직도 그렇다. 오히려 작은 것을 소홀히 했다가 큰 손실을 입는다. 넷째, 디테일이 강해야 고객의 신뢰를 얻을 수 있기 때문이다. 디테일의 중요성을 인식해 살아남은 회사인 인터파크 대표는 신뢰를 얻기 위해 사소한 디테일에 신경 썼다고 한다. 다섯째, 그래야 지존의 경지에 도달할 수 있다. 한 분야를 평정한 고수들은 대부분 품질에 관한 한 병적으로 집착한다. 그런 집착이 없이는 고수로 인정받을 수 없다. 둔한 사람은 절대 고수가 될 수 없다. 예민하고, 까다롭고, 집착 증세가 있는 사람이 성공에 유리하다."

회계 업무를 하는 사람을 보통 예민하고, 까다롭다라고들 합니다. 증빙 서류를 추가로 요구할 때 그런 말을 주로 듣는데요. 억울할 때도 있지만 사실입니다. 예민하고, 까다롭고, 집착증세가 있다는 표현을 앞으로는 나쁜 표현으로 인식하지 않았으면 좋겠습니다. 어느 한 분야의 고수로 잘 가고 있다는 말이니까요.

『완벽한 공부법』(고영성·신영준, 2017, 로크미디어)에서는 디테일을 이렇게 설명합니다.

"흔히 직장 상사가 꼰대처럼 보이는 이유는 이 디테일 지적과 상관이 높다. 진짜 중요한 디테일을 확인하는 상사는 절대 꼰대가 아니다. 나중에 그걸 지적 안하고 문제가 생겼을 때 잔소리하는 상사가 꼰대일 확률이 높다. 디테일은 말 그대로 아주 작은 영역이기 때문에 별로 대수롭지 않게 여길 수 있다. 하지만 디테일이 중요한 이유는 디테일의 결핍이 누적되면 결국에는 큰 문제가 되기 때문이다."

증빙 서류의 의미를 안다는 것은 디테일을 아는 것입니다. 흔히 아는 만큼 보인다고 합니다. 실제로 진짜 그렇습니다. 디테일을 잡는 것도 결국 공부가 필요합니다. 시간이 지나면 남는 건 증빙 서류입니다. 업무는 잘했는데 증빙 서류가 허술하면 신뢰를 잃을 수 있습니다. 사소한 종이조각일 뿐이지만 사소하지 않은 영수증의 차이를 구별할 줄 알아야 합니다. 예민하고, 까다롭고, 민감함을 지닌 일 잘하는 직원을 넘어 디테일을 장착한 고수의 길까지 한번 가보는 건 어떨까요?

11. 소모품 vs 비소모품

소모품과 비소모품 구분 기준은?

소모품과 비소모품의 구분은 단순히 생각하면 쉬울 것 같지만, 막상 실무로 들어가면 헷갈려서 질문을 자주 받는 부분입니다. 소모품과 비소모품은 어떻게 구별할까요? 구분 기준은 무엇일까요?

소모품과 비소모품을 나누는 기준은 '1년'과 '50만 원'입니다. 소모품이란 한번 사용하면 원래의 목적에 다시 사용할 수 없는 일회성 물건입니다. 비소모품은 줄여서 '비품'이라고 합니다. 1년 이상 50만 원 이상의 물품을 말합니다.

소모품 – 한번 사용하면 원래의 목적에 다시 사용할 수 없는 일회성 물건

비소모품 – 1년 이상 50만 원 이상의 물품

비소모품 = 비품

1년 이상 계속 사용할 수 있는 물품이 '비소모품'입니다. 1년 이상 사용할 수 있더라도 취득 단가가 50만 원 미만인 물품은 소모품입니다. 그래서 사무실 파티션도 소모품이었습니다.

(2022.1.1. 이후 사무실 파티션은 비소모품입니다. 「지방자치단체 물품관리 운영기준」 내용연수표)

50만 원이 아닌 10만 원으로 되어 있는 규정도 있으니 각 시의 물품관리조례를 추가로 확인해 보는 게 좋습니다. 1년과 50만 원이라는 규정은 「공유재산 및 물품관리법」에 근거합니다.

소모품과 비소모품 구분 이유는?

소모품과 비소모품을 구분해 주는 이유는 무엇일까요? 물품을 구입할 때 사용하는 예산과목이 다르기 때문입니다. 예산과목이 달라지면 회계 지출 방법도 달라집니다.

소모품은 사무관리비로 구입합니다. 비소모품은 자산취득비로 구입하고요. 사무관리비와 자산취득비의 구분은 우선 직관적으로 해석하면 되는데, 사무관리비는 사무용품을 사는구나라고 쉽게 접근하고, 자산취득비는 자산 같은 없어지지 않는 물건을 사는거구나 라고 인식해 둡니다.

'소모품'은 업무를 할 때 주로 사용하는 볼펜이나 A4용지 같은 일회성 물건입니다. 일회성 물품인 소모품은 통계목 중 사무관리비로 구입합니다. 비소모품은 1년 이상 사용하는 물건이라 자산취득비라는 통계목으로 구입합니다. 물품을 예로 들어보겠습니다.

사무관리비로 코로나19용 방호복 구입 가능할까요?

⇨ 1년 이상 사용하지 않고 한번 입고 버린다면 사무관리비로 구입할 수 있습니다.

50만 원 미만의 심장충격기는 사무관리비로 구입 가능할까요?

⇨ 심장충격기는 내용연수 7년인 자산성 물품이므로 50만 원 미만이지만 금액과 상관없이 사무관리비가 아닌 자산취득비로 구입합니다.

비용 vs 자산

비용과 자산 개념도 알아볼까요? 소모품은 일회성 물품 구입 비용으로 비용 처리합니다. 비소모품인 물품을 구입한 금액은 자산 증가로 처리가 되고요.

비용으로 보느냐, 자산으로 보느냐를 '계정 처리'라고 합니다.

계정 처리는 분개 처리라고도 하는데 지방자치단체에서는 이호조라는 예산회계시스템에서 자동으로 분개해 주기 때문에 선택하는 데 큰 어려움은 없습니다. 소모품은 이호조상 분개를 처리할 때 비용으로 잡아주고, 비소모품은 자산 증가로 처리한다는 사실만 기억해주세요.

닭이 먼저냐, 달걀이 먼저냐

어떤 물건이 소모품이냐? 비소모품이냐의 질문은 '닭이 먼저냐, 달걀이 먼저냐'의 질문처럼 업무하는 내내 끝나지 않을 가능성이 높습니다. 왜냐하면 물건마다 특성이 달라서 개별적으로 판단해야 하는 사안들이 많기 때문입니다. 정확하게 답으로 떨어지지 않으니까 답답하게 느껴질 수도 있지만, 그런 개별적인 사항들조차도 회계 업무의 일부라고 보고 재미있게 즐겼으면 좋겠습니다.

알아도 알아도 끝나지 않을 것 같은 회계 질문들 속에서 아주 작은 것들을 하나씩 풀어나가다 보면 자신도 모르게 조금씩 선명해지는 것을 느낄 수 있습니다.

번거롭고 귀찮더라도 포기하지 않고, 조금만 더 힘을 내 주세요. 분명 한층 성장해 있는 자신을 만나게 될 테니까요.

12. 편성목 vs 통계목 vs 부기명

"저는 부기명이 뭔지도 몰라요~"

제 블로그에 통계목 종류를 비교하며 설명해 놓은 글을 본 저희 팀원이 해 준 말입니다. "팀장님, 저는 통계목이 아니라 부기명이 뭔지도 잘 몰라요~."

편성목, 통계목, 부기명도 구별 못 하는데 통계목을 세부적으로 이해하기는 이르다는 이야기였습니다. 제 딴에는 쉽게 설명한다고 했는데, 헛다리를 짚고 있었던 건 아니었을까 잠시 생각에 잠겼습니다.

더 초심으로 돌아가야겠다는 생각이 들었습니다. 회계를 처음 알기 시작한 때로 돌아가서 설명하고 있다고 생각했지만 여전히 누군가에게는 어려운 설명이었을 수 있겠구나 하는 생각이 들었습니다.

그렇다고 멈출 수는 없었습니다. 2장 마지막 부분에서는 편성목, 통계목, 부기명을 비교해서 설명하려고 합니다.

편성목은 몰라도 된다

편성목의 종류는 몰라도 됩니다. 왜 몰라도 될까요? 자금이 최종 지출되는 각각의 이름은 편성목이 아니기 때문입니다. 편성목이 아닌 통계목만 알면 됩니다. 편성목은 실무에서 접할 일이 많지 않습니다. 그래도 이렇게만 알고 넘어가 보시죠. 편성목은 통계목의 상위 기준입니다. 편성목에서 통계목이 분류되어 나왔습니다.

부서	정책	단위	세부사업	편성목	통계목
예산 법무과	정책 사업명	단위 사업명	세부 사업명	일반 운영비	사무 관리비

위 표에 나와있는 것처럼 편성목에는 일반운영비가 있습니다. 편성목은 일반운영비, 업무추진비, 민간이전 등이 있습니다.

통계목은 돈이 최종 지출되는 과목 이름이다

통계목은 자금이 최종 지출되는 과목 이름입니다. 편성목이 일반운영비라면 통계목은 사무관리비, 공공운영비, 행사운영비 등이 있습니다. 편성목 업무추진비 속 통계목은 기관운영업무추진비, 정원가산업무추진비, 시책추진업무추진비, 부서운영업무추진비가 있습니다.

편성목 민간이전의 통계목은 민간경상사업보조, 민간단체법정

운영비보조, 민간행사사업보조, 민간위탁금, 사회복지사업보조 등
이 있습니다.

편성목의 특징은 구별할 필요가 없지만, 통계목의 특징들은 구
별해서 알아 둘 필요가 있습니다.

행사운영비 vs 행사실비지원금

관내여비 vs 관외여비

사무관리비 vs 자산취득비

사무관리비 vs 공공운영비

공공운영비 vs 시설비

위와 같이 비슷해서 헷갈리는 통계목을 2개씩 이해하고 정리해
놓는 방식으로 공부하는 것이 통계목 공부를 위해 좋은 방법입니
다. 제가 그렇게 하기도 했고요.

부기명은 동그라미(○)다

부기명은 사업명입니다. 각 사업 이름은 동그라미 뒤에 한 줄로
간단하게 설명하며, 사업명은 보통 다음과 같이 적습니다.

○ 마을안길 정비공사

○ **마을축제 보조금**

○ **청사 전기요금**

　예산서를 보면 일반운영비라는 편성목 아래, 02 공공운영비라
는 통계목 아래, ○ 청사유지관리비가 부기명입니다. ○청사 전기
요금 앞에 붙은 작은 동그라미는 그냥 구분해주는 표시입니다.

부서 · 정책 · 단위(회계) · 세부사업 · 편성목		예산액	전년도 예산액	비교증감
XX면		1,551,869	1,615,910	△64,041
XX면 사업경비		1,469,379	1,538,450	△69,071
주민행정 편의도모		482,965	485,228	△2,263
청사관리		185,655	185,398	257
201 일반운영비		175,655	175,898	△243
01 사무관리비		54,950	56,612	△1,662
○청사관리 소규모 용역	2,237,000원*12월	26,844		
○민원실 운영	1,600,000원*12월	19,200		
○재해재난 대응	6,800,000원	6,800		
○청사용 종량제봉투 구입	1,350원*130장*12월	2,106		
02 공공운영비		120,705	119,286	1,419
○청사유지관리비		99,027		
○ 청사 전기요금	6,500,000원*12월	78,000		
○ 공공요금 및 제세	1,502,200원*12월	18,027		
○ 청사 소규모 수리비	3,000,000원	3,000		
○우편요금		21,678		
○ 등기우편	2,530원*6,950통	17,584		

───── 부기명

위 예산서에서 부기명은 다음과 같습니다.

○ **청사관리 소규모 용역**

○ **민원실 운영**

○ **재해재난 대응**

○ 청사용 종량제봉투 구입

○ 청사유지관리비

○ 우편요금

편성목 ⇨ 통계목 ⇨ 부기명

편성목, 통계목, 부기명의 순서를 매겨볼까요?

편성목, 통계목, 부기명의 순서를 매겨보면 오른쪽으로 갈수록
작아집니다. 부기명이 가장 작은 단위입니다. 셋 중에서 가장 작은
단위는 부기명이지만, 공식적으로 예산 집행의 가장 작은 단위는
통계목입니다. 통계목 아래 동그라미로 설명된 한 줄 설명이 부기
명입니다.

이 부분을 한 문장으로 요약하면 '부기명은 동그라미다'입니다.
편성목은 구체적으로 특징까지 알 필요는 없다고 말씀드렸고, 통
계목은 이 책을 다 읽고 나면 조금 편하게 느껴지실 테니까 여기에
서 부기명은 동그라미라는 것만 기억해 주세요.

3장

사례로 기억하면
회계가 쉽다

"한 가지를 이해하는 사람은 어떤 것이라도 이해한다.
만물에는 똑같은 법칙이 들어 있기 때문이다."

- 『쓰기의 말들』은유, 유유

1. 의자 구입은 사무관리비예요?
자산취득비예요?

의자는 자산취득비

의자는 자산취득비로 구입해야 합니다. 왜 의자는 자산취득비로 구입해야 할까요? 의자는 소모품이 아니라 비소모품이기 때문입니다.

소모품과 비소모품 차이점은 앞서 2장에서 설명했습니다. 1년 이상 사용이 가능한지와 50만 원을 기준으로 나누고 있습니다.

○ 물품의 종류
 (1) 비 품 - 비품이라 함은 그 품질현상이 변하지 않고 비교적 장기간
        사용할 수 있는 물품을 말한다.
 (2) 소모품 - 소모품이라 함은 그 성질이 사용함으로써 소모되거나 파
        손되기 쉬운 물품과 공작물 기타의 구성부분이 되는 것을
        말한다.

○ 품종구분 기준

(1) 비 품 - ① 내용연수가 1년 이상의 물품으로서 소모성 물품에 속하
　　　　　　지 아니하는 물품
　　　　　② 기타 지방자치단체장이 지정한 물품
(2) 소모품 - ① 한번 사용하면 원래의 목적에 다시 사용할 수 없는 물품
　　　　　　(예: 약품, 유류, 수선용 재료 등)
　　　　　② 내용연수가 1년 미만으로서 사용에 비례하여 소모되거
　　　　　　나 파손되기 쉬운 물품(예: 약품, 유류, 사무용품, 공구 등)
　　　　　③ 다른 물품의 수리, 완성제작(생산)하거나 시설공사에 투
　　　　　　입 사용됨으로서 그 본성을 상실하는 물품(예: 수리용 부
　　　　　　속품, 생산원료, 재료 등)
　　　　　④ 내용연수가 1년 이상으로 취득단가 50만 원 미만의 물품
　　　　　　으로서 사용에 비례, 소모, 파손되기 쉬운 물품

(출처: ○○시 물품관리조례 별표1)

사무관리비와 자산취득비의 차이점은?

　사무관리비는 일회용으로 쓰고 없어지는 사무용품이나 소모성
물건을 구입하는 통계목이고, 자산취득비는 이름 그대로 자산 성
격을 띤 비소모품을 구입하는 데 쓰이는 통계목입니다.

　사무관리비는 부서에서 지출하는 일상경비이고, 자산취득비는
회계과에서 지출하는 일반지출입니다.

　일상경비냐 일반지출 건이냐에 따라 첨부하는 서류가 다른 건
아닙니다. 일반지출이라면 물품을 구입하겠다는 공문을 시행할 때

회계과 협조를 받아야 합니다.

지자체마다 조금씩 차이가 있기는 하지만, 500만 원 이상의 물품구입이나 용역을 시행할 때는 사무관리비나 공공운영비 같은 일상경비라도 회계과에서 집행하고 있습니다.

어디서 어디까지가 일상경비이냐 하는 기준은 매년 1월 회계과에서 결정해서 각 부서에 공문으로 안내해 주고 있습니다. 지자체마다 일상경비 기준이 조금씩 다를 수 있으니 온나라 문서등록대장에서 매년 1월 초 회계과에서 보내 준 공문을 찾아보는 것이 좋습니다.

파티션은 자산취득비?

의자가 자산취득비임을 설명할 때 항상 같이 설명하는 품목이 바로 파티션입니다. 파티션은 최근에 한 번 더 바뀐 사항이라 헷갈릴 수 있어서 감사 때도 매번 지적받을 것으로 보입니다. 뒤에서 별도로 설명하겠지만 결론부터 말하면 파티션은 '자산취득비'입니다.

파티션은 1년 이상 사용하지만 50만 원 미만입니다. 몇 년 전까지 소모성 물품으로 보고 사무관리비로 구입했습니다. 하지만 「지방자치단체 물품관리 운영기준」 소모품을 설명하는 부분에 파티션 내용이 삭제되면서 단서 조항이 붙었습니다.

* 단, 내용연수(조달청 고시, 제2021-41호)의 내용연수표에 게재되어 있는 물품은 비소모품으로 관리(예: 휴대전화기 등)

조달청고시 제2021-41호 내용연수표에 보면 파티션이라는 품목과 가장 흡사해 보이는 '패널시스템용칸막이(가리개용칸막이포함)'가 있습니다. 결국 파티션은 내용연수 7년인 비소모성물품으로 분류되어 사무관리비가 아닌 자산취득비로 구입해야 합니다.

1년 이상 사용하지만 50만 원 미만인 심장충격기 같은 물품도 내용연수가 정해진 물품이라 자산취득비로 구입해야 하는데, 1년 이상 50만 원 미만이라고만 기억하기에는 무리가 있으니 몇 가지 물품은 기억해 놓을 필요가 있습니다.

그렇다면, 물품별 케이스를 다 알고 있어야 하는지? 하는 의문이 생깁니다. 어차피 다 외우고 있을 수는 없으니 헷갈릴 때마다 내용연수표를 찾아보는 습관이 중요합니다.

최근 파티션은 조달청 고시, 2021-41호 내용연수표에 의거 비소모품으로 관리하는 품목으로 변경되었습니다. 변경 내용은 2022년 1월 1일부터 시행되었으니 기억해 두어야 합니다. 조직 개편 시기가 되면 사무실 공간 이동이 생기면서 파티션이 필요하다는 요청이 많습니다.

여기에서는 '파티션은 2022.1.1.일 이후부터 비소모성 물품으로 자산취득비로 구입해야 한다'라는 것만 이해하고 자세한 내용은 바로 뒤에서 설명하겠습니다.

2. 파티션이 필요한데
추경에 세워야 할까요?

약 2년 전, 회계 담당자와 옆 팀 직원의 대화내용입니다.

"회계 주사님~ 파티션이 필요한데 혹시 사주실 수 있어요?"

"안 돼요. 파티션은 자산물품이라 추가경정예산에 세워서 사야
해요."

"아~ 네. 알겠습니다."

이 대화 내용에서 혹시 이상한 점을 눈치채셨을까요?

파티션은 어떤 통계목으로 구입해야 할까요?

파티션은 앞에서 비소모성 물품으로 자산취득비라고 말씀드렸
습니다. 사무관리비냐, 자산취득비냐의 질문은 소모품인지 비소모
품인지의 질문과 같은 내용입니다. 파티션 물품의 성격이 무엇이
냐의 문제거든요.

2년 전까지 파티션은 소모성 물품으로 보고 사무관리비로 구입했습니다. 그렇다면 앞 대화처럼 파티션은 소모성 물품이기 때문에 자산취득비로 구입할 필요는 없었습니다. 하지만 「지방자치단체 물품관리 운영기준」이 변경되면서 소모품에서 파티션 부분은 삭제되었습니다. 소모품을 설명하는 내용 중 단서 조항이 생기면서 파티션은 이제 내용연수가 있는 비소모품입니다.

  * 단, 내용연수(조달청 고시, 제2021-41호)의 내용연수표에 게재되어 있는 물품은 비소모품으로 관리 (예: 휴대전화기 등)

파티션 구입 예산은 추경에 세워야 합니다

파티션 구입에 필요한 예산을 본예산에 세워놓지 못했다면 추경에 세워야 합니다. 추경이란, 이미 앞에서 '추가경정예산'이라고 설명해드렸는데, 추가로 변경할 예산이 있을 때 증액하거나 감액하는 변경된 예산안을 말합니다.

추경에 세워서 구입해야 한다는 말은 지금 즉시 구입할 수 없다는 의미입니다. 추가경정예산은 집행부 쪽에서 예산안을 세워서 의회의 승인을 받아야 최종 결정 나는 예산입니다.

사무관리비는 사무실 운영 물품 구입을 위해 1년 동안 필요한 예산을 본예산에 세워 놓습니다. 사무관리비에 여유가 있더라도 파티션이 비소모품으로 분류된 이상 자산취득비를 별도로 세워서 구입해야 합니다.

자산취득비는 의회 승인을 받는 통계목입니다. 승인받지 않은 품목이라면 다른 물품을 사고 돈이 남았더라도 구입 불가능한 통계목입니다.

자산취득비로 세워야 하는 품목이라면 추가경정예산 시기까지 기다려야 하는데, 의회 승인 후 집행할 수 있기 때문에 사용하기까지 신중해지는 통계목입니다.

반복 설명하지만 사무관리비는 부서 회계 담당자가 지출하는 일상경비이고, 자산취득비는 회계과에서 집행하는 일반지출 건이라는 차이도 있습니다.

파티션에 대해 설명하는 것 같아도, 결국 소모품 vs 비소모품의 차이, 사무관리비 vs 자산취득비의 차이점을 설명하게 됩니다.

소모품인지 비소모품인지, 사무관리비인지 자산취득비인지 헷갈릴 때는 파티션 같은 물품을 실제 예로 들어서 기억하는 게 좋습니다. 물품 몇 개 비교해서 기억하다 보면 개념이 명확해지니까요. 소모품 vs 비소모품의 자세한 내용은 〈2장 11. 소모품 vs 비소모품〉을 참고하세요.

3. 정수기 수리비는 사무관리비로 지출하면 되나요?

정수기 지출이 궁금하다

회계 업무를 하던 당시 정수기 지출에 대한 궁금증을 가진 분들이 의외로 많다는 사실을 알게 되었습니다. 질문이 많다는 것은 그만큼 헷갈린다는 의미겠죠. 그래서인지 회계감사 사례 결과보고서를 보면 정수기 계약에 대한 지적이 많았습니다. 정수기 관련 질문은 결국 통계목 차이에 관한 질문입니다.

'정수기 임대료는 사무관리비로 지출해야 할까요? 공공운영비로 지출해야 할까요?'

일반수용비 vs 시설장비유지비 vs 시설비

정수기 수리비를 설명하려면 앞서 〈2장 6. 소규모 수선비 vs 시설물 유지관리비 vs 수리비〉의 「지방자치단체 회계관리에 관한 훈령」속 박스 글이 생각납니다. 기억하면 좋을 내용이라서 아래에 다시 한번 가져와 실었습니다.

일반수용비: 기계, 기구, 집기 및 기타 공작물의 소규모 수선비
시설장비유지비: 건물 및 건축설비(구축물, 기계장비), 공구, 기구, 비품, 기타 시설물의 유지관리비
시설비: 주로 자본형성적 경비로서 도로, 하천의 개보수, 청사의 대규모 도장 등 그 내용연수가 길고 비용투입의 효과가 장기간에 걸쳐 나타나는 대규모 수리비

집기 및 공작물의 소규모 수선비라고 설명되어 있는 일반수용비는 사무관리비를 설명해 주는 말입니다. 시설물 유지관리비는 공공운영비입니다. 시설비는 통계목 중 시설비를 설명해주고 있습니다.

정수기 수리비는 사무관리비, 공공운영비 둘 다 가능

정수기 수리비는 집기의 소규모 수리비로 봐서 사무관리비로 집행 가능합니다. 비품의 유지관리비라고 봐서 공공운영비로도 가능하고요. 정수기라는 성격을 어떻게 봐주냐의 시각 차이인데, 정수기 수리를 집기의 수리로 볼 수도 있고, 정수기를 비품(비소모품)의 유지관리비를 위한 비용으로도 볼 수 있기 때문입니다.

결국 사무관리비, 공공운영비 둘 다 가능합니다. 이런 결론을 싫어하는 분도 있을 텐데요. 정확한 답을 1개 얻어야 더 이상 생각하지 않을 수 있으니까요. 하지만 이게 사실입니다. 진실이라고까지는 말씀 못 드리겠지만 현실이고 사실입니다.

회계를 보통 숫자라고 생각합니다. 회계에는 정답이 있다고 알고 있기도 하고요. 제가 공공영역에서 접해본 회계는 정답이 없을 때가 더 많았습니다. 인생에 정답이 없는 것처럼요. 자신이 선택해서 가는 길은 자기 인생이 되듯 회계 업무에서도 비슷한 느낌을 받았습니다.

정확한 답을 아는 것도 중요하지만 타당한 근거를 찾아서 자신만의 답을 만들어 나가는 과정이 회계 업무였습니다. 물론 타당하지 않는 근거를 가지고 답을 찾았다고 우기면 안 되겠지만요.

회계는 정해진 답이 있기보다는 움직이는 생명체 같아서 그만큼 융통성이 필요했습니다. 숫자를 싫어해도 회계 업무를 좋아할 수 있습니다. 꼼꼼한 성격이 아니더라도 회계 업무는 적성에 맞을 수 있습니다. 제가 그랬던 것처럼요.

회계를 알면 알수록 전체를 볼 수 있는 안목이 생겼습니다. 과연 나에게도 그런 날이 올까 싶은 생각이 든다면 지금 이 부분을 슬쩍 넘어가 주셔도 좋습니다. 하지만 혹시 나중에 이 말이 조금이라도 와 닿는 날이 온다면, 꼭 제게도 알려주셨으면 좋겠습니다.

4. 바닥공사는 공공운영비일까요?
   시설비일까요?

어떤 바닥공사일까?

바닥공사에도 여러 가지 종류가 있습니다. 청사 전체를 올 수리하는 대규모 바닥 공사냐, 일부분만 수리하는 수준이냐, 도로를 보수하는 바닥 공사이냐에 따라 사용하는 예산과목이 조금씩 다릅니다. 예산과목에 따라 회계 첨부서류도 조금 차이가 나고요.

회계는 움직이는 생물이다

'바닥공사는 시설비다'라는 단순한 공식이 성립된다면 회계가 쉽게 느껴지겠지만, 회계는 움직이는 생물입니다. 왜냐하면 그때그때 상황에 따라 각각 판단해줘야 하거든요.

동사무소 회계 담당자가 이런 질문을 했습니다.

"동사무소 로비 바닥 타일이 벗겨져서 일부 공사를 해야 하는데요. 사무관리비는 여유가 조금 있는데, 바닥 타일공사를 사무관리비로 사용해도 될까요? 업체에 견적을 의뢰해서 받아봤는데, 200만 원 정도 든다고 하더라고요. 혹시, 사무관리비로 안 된다면 공공운영비나 시설비로 해야 할까요? 공공운영비로 하기엔 예산이 조금 타이트하고, 시설비로 하려면 추경에 세워야 하는데 그러기엔 긴급한 상황이거든요."

수리비 고민은 3가지 중 하나다

수리비 고민이라면 결국 또 앞에서 이야기 한 적 있는 「지방자치단체 회계관리에 관한 훈령」 속 표를 다시 꺼내서 이야기해야 합니다. 수리비라면 이 3가지에서 대부분 해결되기 때문이죠.

일반수용비: 기계, 기구, 집기 및 기타 공작물의 소규모 수선비
시설장비유지비: 건물 및 건축설비(구축물, 기계장비), 공구, 기구, 비품, 기타 시설물의 유지관리비
시설비: 주로 자본형성적 경비로서 도로, 하천의 개보수, 청사의 대규모 도장 등 그 내용연수가 길고 비용투입의 효과가 장기간에 걸쳐 나타나는 대규모 수리비

'200만 원짜리 일부 바닥공사'라면 이 3가지 중 어디에 속한다고 볼 수 있을까요?

여기에서는 표에 있는 단어 몇 가지를 해석해 보겠습니다. 일반 수용비에서 설명하는 '공작물'이란 뭘까요? 사전적 의미로 '공작물'이란 땅 위나 땅속에 인공을 가하여 제작한 물건, 건물, 터널, 댐, 전봇대 등을 말합니다.

제 방식대로 다시 한번 더 쉽게 설명하면 '공작물'이란 건물과 떨어져 있는 물건을 말합니다. 예로 옹벽 등이 있습니다. 청사 바닥에 붙어 있는 타일은 건물과 떨어져 있다고는 볼 수 없으니 공작물은 아닙니다. 그렇다면 첫 번째 일반수용비는 아닌 거죠.

남은 건 공공운영비의 시설장비유지비와 시설비입니다. 시설비를 먼저 볼까요? 시설비에서 가장 중요하게 보는 건 내용연수 증가입니다.

200만 원 타일 바닥 보수공사를 하면 건물의 내용연수가 증가한다고 볼 수 있을까요? 건물의 전체 중 일부 타일 보수공사를 한다고 해서 건물의 내용연수까지 증가시킨다고 보기는 어렵지 않을까요? 전체 건물 도색이나 바닥 전체 타일을 변경하는 거라면 모르겠지만요.

결국 시설장비유지비만 남았습니다. 바닥 타일 보수공사를 시설물의 유지관리비로 보고 공공운영비로 지출한다고 해석할 수 있습니다.

해석이라는 단어를 쓰는 이유는 우리가 업무를 하면서 법령과 지침들을 참고하지만 문서로 규정되어 있지 않은 글과 글 사이의 의미들을 분석하는 과정이 필요하기 때문입니다.

타일공사를 예로 든 것처럼 막연하게 뭉뚱그려 생각하기보다는 근접한 지침을 찾아서 실제 공사를 대입해 줍니다. 하나하나 대입해보며 틀린 답을 지워나가는 방법이 맞는 답을 찾는 것보다 더 쉬울 수도 있습니다.

틀린 답을 지워나가는 방법은 오히려 명확한 해결책을 제시해주기도 합니다. 방침 결재를 받을 때 상사가 잘 선택할 수 있도록 근거 지침으로 활용할 수도 있습니다. 혹시 모를 감사에 지적당할 상황이 있더라도 하나씩 지워가며 대입해 본 근거는 지적할 수 없도록 탄탄하게 힘을 실어 줍니다.

대입하며 해결 방법을 찾아가는 방식이 느리고 어려워 보여도 가장 빠른 방법이라고 생각합니다. 케이스들을 하나씩 정복하다보면 어느새 전혀 다른 상황에서도 쉽게 대입하고 있는 자신만의 업무 스타일을 만들 수 있을 것입니다.

5. 행사 운영진 식비와
참가자 식비가 다르다고요?

같은 행사에 식비 종류가 다를 수 있다

같은 행사 참석자의 식비 종류가 다를 수 있다는 생각을 혹시 해 본 적 있을까요? 여기서 말하는 '식비 종류'란, 예산 통계목 차이입 니다.

2장에서 설명한 적 있는 행사운영비와 행사실비지원금의 차이 를 다시 한번 더 설명하려고 합니다. 우선 "식비에서 차이가 나는 구나. 그래서 행사를 기획하고 준비할 때 식비에서 차이가 나니 통 계목을 신경 써야 하는구나."라고만 기억해 주세요.

그렇게만 기억해 두면, 실제 행사 예산을 잡을 때 행사운영비와 행사실비지원금 통계목 차이점은 그때 다시 찾아보면 되니까요.

행사운영비 vs 행사실비지원금

행사운영비와 행사실비지원금은 한 쌍이라고 생각하면 좋습니다. 왜냐하면 둘 중에 1개만 알고 있으면 꼭 실수가 생기더라고요.

행사운영비를 예산에 편성해야 한다면, 혹시 행사실비지원금도 함께 편성해야 하지 않을까를 생각합니다. 행사실비지원금을 편성하는 사업을 구상 중이라면 행사운영비도 일부 들어가야 하지 않을까? 하고 생각해 줍니다.

행사운영비(201-03)는 이름 그대로 행사 운영에 필요한 예산입니다. 초청장, 현수막, 상패제작 등 지자체가 직접 주관하는 행사에 소요되는 일반운영비입니다.

행사실비지원금(301-09)은 교육, 세미나, 공청회, 회의에 참석하는 민간인에게 지급하는 급량비 및 교통비입니다. 여기서 말하는 '민간인'이라는 단어를 기억해줬으면 좋겠습니다. 민간인이라는 단어가 들어갔기 때문에 301 일반보전금이라는 편성목에 포함됩니다.

통계목에 익숙해지기 시작하면 이름 옆에 붙은 번호에 대해서도 관심이 갈 텐데요. 301은 무엇일까요? 또 301-09는 무엇을 표현한 번호일까요?

아는 만큼 보인다는 말이 있습니다. 통계목 이름에 익숙해져서 숫자도 눈에 들어오기 시작하는 때가 왔으면 좋겠습니다.

예산과목이 다르면 회계 서류가 다를까요?

예산과목이 달라도 회계 첨부 서류는 크게 다르지 않습니다. 여기서는 식비를 설명 중이므로 식비에 대해서 실제 상황을 들어 설명해 보겠습니다.

행사 운영진 공무원 10명과 민간인 참석자 20명이 행사 중 점심 시간이 포함되어 있어서 식사를 위해 식당에 갔습니다. 행사 운영 진 식비는 행사운영비 통계목입니다. 민간인 참석자 식비는 행사 실비지원금 통계목에 포함되어 있습니다. 각 통계목별로 지출서류 를 각각 만들어야 하니 회계 증빙서류는 2장씩 필요합니다.

카드 결제를 할 때 10명에 대한 식비와 20명에 대한 식비를 각 각 별도로 계산해야 합니다. 영수증 2장을 각각의 지출결의서에 첨부해야 하니까요.

이때 회계를 조금 아는 사람이라면 이런 고민을 하게 됩니다.

"식비는 현금지출증빙 영수증으로 끊어야 하나요?"

현금지출증빙용 영수증이란 초과 근무자의 식비를 한 달에 한

번 결제할 때 사용하는 영수증으로 카드 수수료를 면제해 주는 영수증입니다. 현금지출증빙 영수증은 영수증을 미리 받고 일주일 안에 식당에 계좌이체를 해 주는 방식입니다.

행사운영비와 행사실비지원금 식비는 8천 원이라는 매식비 기준은 지켜주되 현금지출증빙용 영수증이 아닌 그냥 신용카드 결제하듯이 해 주시면 됩니다.

밥은 사소하지 않다

행사 만족도는 밥이 좌우한다는 말이 있는데요. 밥이 뭐 별거냐 싶은 생각이 들겠지만, 밥은 사소하지 않습니다.

당일 행사를 위해 세심하게 준비했지만, 결국 운영진과 참석자들의 식사를 제대로 챙기지 못해 고생한 보람도 없이 행사 만족도가 떨어지는 경우를 종종 보았거든요.

밥을 사소하다 생각하지 않았으면 좋겠습니다. 물론 뭐 밥이 그렇게까지 중요하겠습니까… 그냥 한 끼 먹는 건데요. 그래도 막상 행사를 해보면 그렇지 않습니다. 행사 계획을 세울 때부터 운영진과 참석자의 식비 예산을 구별할 줄 아는 사람이 당일까지 큰 어려움 없이 잘 준비할 수 있을 거라고 믿습니다.

행사운영비와 행사실비지원금을 구별할 줄 아는 안목이 행사 당일 변수에 대처할 자신감까지 가져다주면 좋겠습니다.

6. 관외출장 교통비 증빙은 어떻게 하면 될까요?

관외출장비 품목 4가지

관외출장은 지역을 넘어 출장을 다녀오는 경우를 말합니다. 관내출장의 반대말이라고나 할까요? 관내출장에 비해 관외출장 가는 날이 많지 않다 보니 계산법을 모르는 직원들이 많습니다.

관외출장비 4가지(일비, 식비, 숙박비, 교통비)에 대해선 2장에서 설명했으니 여기에서는 교통비만 이야기해 볼까 합니다.

교통비는 대중교통비

왜 교통비에 대해서만 따로 생각해 보아야 하는 걸까요? 교통비는 실비 지급이라고 하는데, 이 실비에 대한 개념을 종종 헷갈려합니다.

'실비'는 말 그대로 실제로 쓴 만큼 받는 비용입니다. 실제로 쓴 만큼 받는 비용이라고 해서 자신의 차 기름값을 지급해 주는 거냐? 그건 또 아니거든요.

대중교통을 이용하든지 자차를 이용하든지 기본적으로 대중교통비를 계산해서 지급하게 되어 있습니다. 출발부터 도착까지 거리 계산을 통해 대중교통비로 산정합니다.

물론 자차를 이용했을 때 유류비를 받는 경우가 있습니다. 산간오지의 경우 대중교통이 없는 지역을 방문했을 때 한해서입니다. 꼭 유류비를 받고 싶다면 방문한 출장지가 대중교통이 들어가지 않는 산간오지였다는 근거를 첨부해야 합니다.

출장비는 자신이 증빙하는 것이다

관외출장비 중 일비 2만 원, 식비 2만 원, 숙박비는 최대 7만 원으로 정해진 금액이라 산정하기 간단한 편입니다. 교통비는 실비라서 측정하기 어려울 수 있습니다.

그래서 관외여비 중 교통비를 실비로 산정하는 방법은 꼭 자신이 회계 담당자가 아니더라도 알고 있으면 도움이 됩니다.

2장에서 설명한 것처럼 첫째, 네이버 지도 길찾기를 통해 대중교통비를 계산합니다. 둘째, 관외출장비 명세서로 엑셀 표와 함께 제출합니다.

주는 대로 받는 것도 좋습니다. 하지만 계산법을 모르고 받는 것과 알고 주는 대로 받는 것에는 차이가 있을 테니까요.

더 구체적인 내용은 〈2장 9번 관내여비 VS 관외여비〉를 한 번 더 참고하세요.

〈관외출장 참고 기준 비교〉

구분	철도운임	선박운임	항공운임	자동차 (버스)운임	숙박비 (1박당)	식비 (1인당)	비고
제1호	실비 (특실)	실비 (1등급)	실비	실비	실비	25,000	숙박비 상한액 (출장지: 서울특별시 70,000, 광역시 60,000 그 밖의 지역 50,000)
제2호	실비 (일반실)	실비 (2등급)	실비	실비	실비	20,000	

(출처: ○○시 지방공무원 여비 조례)

구분	철도운임	선박운임	항공운임	자동차 운임	일비 (1일당)	숙박비 (1박당)	식비 (1일당)
제1호	실비 (특실)	실비 (1등급)	실비	실비	25,000	실비	25,000
제2호	실비 (일반실)	실비 (2등급)	실비	실비	25,000	실비 상한액 (: 서울특별시 100,000, 광역시 80,000 그 밖의 지역 70,000)	25,000

(출처: 공무원 여비 규정 별표2)

＊「공무원 여비 규정」은 2023.3.2 개정되어 각 지자체 조례와 상이할 수 있으니 자신이 속한 조직 규정을 한번 더 확인해주세요.

7. 포상금은 개인계좌로
   받아도 될까요?

100% 개인의 공적인 경우

100% 개인의 공적이라면 개인 계좌로 포상금을 받으면 됩니다. 하지만 공공업무 중 100% 개인 한 사람의 업적인 경우가 많을까요? 업무 중 소송에 걸렸는데 담당자로서 소송 수행을 잘해서 소송에서 이겼다면 개인 공적입니다. 소송 관련 포상금은 개인에게 지급됩니다.

그렇지 않은 경우 포상금을 개인 계좌로 받아도 될까요?

조금 위험한 발상이라고 생각합니다. 예전에는 상급 기관에서 포상금을 받을 땐 주무팀장 개인 계좌로 받아서 부서 직원들의 전체 간식비로 사용하기도 했었는데요. 포상금이 입금되었는데 그 이후 포상금에 대한 출처가 명확하지 않아서 논란이 되었다는 이야기도 들었습니다.

그렇다면 어떻게 하면 좋을까요?

개인 계좌로 받지 말자

포상금이라도 개인 명의 계좌로는 받지 않는 게 좋습니다. 단, 소송 수행자처럼 100% 공적 대상자가 정해져 있으면 가능합니다. 포상금을 지급하는 상급 부서가 개인에게 지급하겠다고 방침 결재를 받아놓은 상태라면 더욱 좋겠고요.

예를 들어 볼까요? 상급 부서에서 포상금을 주겠다고 연락이 왔습니다. 경기도에서 시청으로 또는 시청에서 재단으로 연락이 온 거죠.

입금할 개인 계좌를 알려 달라고 합니다. 이때 개인 계좌를 바로 알려주면 될까요? 우선 검토를 해 봐야 합니다. 100% 개인 공적이 아닌 이상 포상금은 세입으로 잡았다가 세출로 집행해 줍니다. 그렇지 않으면 나중에 돈의 출처를 명확하게 소명하기 어려워 곤란한 상황이 발생할지 모르기 때문입니다. 직원들을 위한 간식비로 쓰기 위해 개인 계좌로 받았다가 회계 집행 시 서류나 근거가 없어서 소명하지 못하는 억울한 상황이 발생합니다. 물론 정당하게 사용했다고 하더라도 말이죠.

예산총계주의

예산총계주의는 「지방재정법」에 나오는 회계원칙입니다.

모든 수입과 지출은 세입으로 들어왔다가 세출로 나간다는 의미입니다.

> 「지방재정법」 제34조(예산총계주의의 원칙)
>
> ① 한 회계연도의 모든 수입을 세입으로 하고 모든 지출을 세출로 한다.
> ② 세입과 세출은 모두 예산에 편입하여야 한다.
> ③ 지방자치단체가 현물로 출자하는 경우와 「지방자치단체 기금관리기본법」 제2조에 따른 기금을 운용하는 경우 또는 그 밖에 대통령령으로 정하는 사유로 보관할 의무가 있는 현금이나 유가증권이 있는 경우에는 제2항에도 불구하고 이를 세입·세출예산 외로 처리할 수 있다.

2021.1.1. 「지방자치단체 회계관리에 관한 훈령」의 개정 내용에 의하면 시상 기관에서 포상금 과목으로 편성·집행하여 주는 경우, 수령한 포상금은 세입으로 편성하여 집행할 필요는 없습니다. 기관별 별도 배분 기준에 따라 수상 부서 격려 비용 등으로 사용하거나 해당 분야 공로자에게 격려금을 지급할 수 있고요.

단, 평가나 대회 등의 결과로 지급되는 인센티브가 포상금 과목이 아닌 조정교부금, 보조금 등인 경우는 예산으로 편성하여 집행하여야 합니다.

포상금은 어떤 통장으로 받아야 할까?

세입 통장으로 받는 방법과 세입세출외현금 통장으로 받는 방법이 있습니다. 예산으로 편성해야 한다면 세입 통장으로 받아서 추경에 세입으로 편성해 줍니다. 세입세출외현금 통장으로 받아서 임시 보관했다가 지출하는 방법도 있습니다.

'세입세출외'라는 것은 세입도 아니고 세출도 아니라는 의미이기 때문에 세입세출외현금도 예산총계주의의 예외규정입니다. 세입세출외현금 계좌로만 받더라도 이호조에 수납을 잡아서 정식 지출 방법을 거치게 되기 때문에 안전성은 보장됩니다.

포상금 지출에 관한 설명을 하다 보니 회계는 청렴과 관련이 많다는 생각을 하게 됩니다. 업무상 청렴하기 싫어서 못 하는 것이 아니라 돈이 어떻게 들어오고 어떻게 나가야 하는지 몰라서 얼떨결에 청렴하지 못한 방법을 선택하게 될 수도 있겠구나 하는 생각이 들었습니다. 뭔가 찜찜하거나 애매한 업무 상황을 접했을 때는 근거를 한 번 더 찾아보면서 돌다리도 두들겨보고 지나가는 현명함이 필요하다는 것을 기억해주세요.

8. 개인 카드로 잘못 결제했어요

개인 카드로 잘못 결제한 경우

법인 카드로 결제해야 하는 건을 개인 카드로 잘못 결제했다면 어떻게 해야 할까요?

카드를 잘못 사용했을 때는 "즉시" 해당 카드사에 연락해서 취소하고 정당한 카드로 새로 결제하는 게 우선입니다.

그런데 만약 시간이 경과해서 취소되지 않는다면? 이 경우 ① 개인 카드를 잘못 사용했을 때와 ② 법인 카드를 잘못 결제했을 때 처리방법에서 조금 차이가 납니다.

「지방자치단체 회계관리에 관한 훈령」에 나와 있는 문구를 우선 그대로 옮겨 보겠습니다.

〈별표4〉 지방자치단체구매카드 발급 및 사용기준에 나와 있는 내용입니다.

지방자치단체구매카드로 사용하여야 함에도 지방자치단체구매카드 외의 카드를 사용한 경우: 지방자치단체구매카드로 사용되어야 할 금액의 결제(카드사로의 대금납부)가 완료된 것을 확인한 이후 지급결의를 하고 결제가 완료된 계좌로 이체하여 지급하여야 한다.

개인 카드로 잘못 결제했을 때는 개인 카드 사용대금이 납부된 후에 사후로 돈을 계좌 이체해 주라는 말입니다. 개인 카드 주인의 카드값이 빠져나간 것을 확인한 후 지급해 주라고 하네요.

법인 카드로 잘못 결제 했다면?

개인 카드로 결제해야 하는 건을 법인 카드로 잘못 결제했다면 어떻게 해야 할까요?

이 부분은 이렇게 설명되어 있습니다.

지방자치단체구매카드 외의 카드를 사용하여야 함에도 지방자치단체구매카드를 사용한 경우: 지방자치단체구매카드 대금 결제가 이루어진 즉시 반납결의를 하고 카드사용자에게 반납고지를 하여 처리하여야 한다.

법인 카드를 잘못 결제했을 때는 긁은 즉시 반납결의하고 카드 사용자에게 반납고지를 해서 반납금을 돌려받으면 됩니다. 다만,

원인행위를 통한 지출이 이뤄지지 않은 상태에서는 바로 카드결제 계좌에 사용 금액을 입금하고 증빙서류를 갖춰 두면 됩니다.

「지방자치단체 회계관리에 관한 훈령」에 다 나와있다

법인 카드 사용방법에 대한 내용은 「지방자치단체 회계관리에 관한 훈령」에 나와 있습니다. 몇 년 전까지는 '세출예산 집행기준' 이라는 이름이었습니다.

세출예산 집행기준이 「지방자치단체 회계관리에 관한 훈령」으로 편입되면서 회계 관련한 사항은 이 훈령에 포함되어 있습니다.

회계관리에 관한 훈령은 파일로 가지고 있으면서 종종 찾아보는 것도 좋습니다. 파일로 가지고 있으면 검색을 통해 필요한 부분을 바로 찾을 수 있으니까요. 행정안전부에서는 매년 책으로 만들어서 각 지자체로 보내주고 있습니다.

행정안전부에서 보내준 훈령 책자를 회계과에서는 추가로 제본해서 각 부서와 공유하기도 합니다. 「지방자치단체 회계관리에 관한 훈령」 책자는 꼭 1권씩 가지고 있으면 좋겠습니다. 메모하고 자신만의 표시를 해서 손때 묻히면서 본다면 회계의 고수로 거듭날 수 있을 뿐만 아니라 다른 업무를 할 때도 도움이 될 테니까요.

9. 올해 예산 반납과 작년 예산 반납 방법이 다르다고요?

반납 종류

반납 종류엔 뭐가 있을까요? 반납에는 보조금 반납, 이자 반납, 올해 예산 반납, 작년 예산 반납 등이 있습니다.

얼마 전에 있었던 반납 질문 사례를 이야기해 볼까 합니다.

건강보험공단에서 퇴직한 계약직 직원에 대한 환급금이 발생했다고 연락이 왔다고 합니다. 4대 보험 환급금이라고 했다는데요. 개인 지급분 1만 원, 회사 지급분 2만 원, 이자 10원을 돌려준다고 했다고 합니다. 총 30,010원이네요.

돌려준다는 30,010원을 어떻게 처리해야 할까요?

담당자는 30,010원을 세입세출외현금 통장으로 받았다고 합니다. 왜냐하면 임시로 받을 통장이 이 통장밖에 없으니까요. 세입세출외현금 통장에 넣어 놓았다고 처리를 다 끝난 것으로 알고 안심하면 안되는데요.

이름 그대로 세입과 세출로 잡히지 않는 세입세출 '외' 통장이기 때문에 제자리를 찾아서 다시 입금해 줘야 합니다.

결론부터 말하면, 아래 3가지를 처리해줘야 합니다.

1. 개인 지급분 1만 원 – 개인에게 돌려주기
2. 회사 지급분 2만 원 – 세입처리 하기
3. 이자 10원 – 세입처리 하기

3가지 반납 처리 방법은 조금 차이가 있습니다. 세부적인 방법을 알아볼까요?

개인 돈은 개인에게 돌려주고, 회사 돈은 회사 통장으로 넣어주고, 이자는 이자 통장에 넣습니다.

개인 지급분을 돌려주기 위해선 개인에게 연락해서 통장 사본을 우선 받아둡니다. 회사 지급분은 이 돈이 올해 돈이냐, 작년 돈이냐에 따라서 조금 차이가 있는데, 해당연도별로 뒤에서 별도로 설명하겠습니다.

마지막 이자 10원은 세외수입 고지서를 발행해서 납부해주면 되는데 기타이자수입 과목으로 10원을 부과 징수하면 세입으로 잡힙니다.

반납 방법이 다른 이유는?

왜 3가지로 나눠서 처리해줘야 하는 걸까요? 회사 지급분은 올해 돈이냐, 작년 돈이냐에 따라서 조금 차이가 난다고 말씀드렸는데요. 그 차이를 이해하려면 당해 연도, 과년도, 다음 연도의 차이를 알아야 합니다.

당해 연도 반납 - '올해' 예산에서 나갔다가 12월이 도래하기 전 '올해' 예산으로 들어오는 반납을 당해 연도 반납이라고 합니다. 이호조 시스템에서 이루어지기 때문에 '이호조 반납'이라고도 부릅니다. 지출된 건을 그대로 반납해 준다는 의미로 '지출 반납'이라고도 합니다. 결국 3가지는 모두 같은 말입니다.

당해 연도 반납 = 이호조 반납 = 지출 반납

과년도 반납 - 과년도는 올해 이전의 해를 의미합니다. 작년도 과년도이고, 그 이전도 과년도입니다. 올해가 아니라면 과거는 다 과년도라고 표현해 주는 것이죠. 결국, 과년도 반납과 작년도 반납은 같은 말입니다.

과년도 반납 = 작년도 반납

다음 연도 반납 – 다음 연도는 올해 이후의 연도를 뜻합니다. 다음 연도에 반납하겠다고 누가 말했다면 한해가 지나서 반납하겠다는 의미입니다. 한해가 지났다면 올해 예산은 과년도가 됩니다.

과년도 반납과 다음 연도 반납은 올해 예산이 아니기 때문에 이 호조가 아닌 세외수입 고지서로 세입처리를 해줍니다. 세외수입으로 세입처리를 해 줬다면 추경에 세입 예산으로도 잡아주어야 합니다. 간혹, 10만 원 이하의 소액이라면, 세입으로 안 잡아주기도 합니다.

원금은 '그외수입'으로 고지서를 발행해서 세입처리를 해 줍니다. 이자는 연도에 상관없이 '기타이자수입' 과목으로 세입을 잡아줍니다. 세입을 잡는다는 말은 세외수입 고지서를 발행한다 또는 올해 예산으로 넣어준다는 뜻입니다.

반납 실무

반납과 관련하여 실무적인 부분을 마지막으로 한번 정리해 보겠습니다.

〈출납폐쇄기한 전 반납(당해 연도 반납)〉

사업비 잔액: 사업부서에서 교부한 세출과목으로 반납(이호조)

발생한 이자: 기타이자수입으로 세입조치(세외수입시스템)

〈출납폐쇄기한 후 반납(다음 연도 반납)〉

사업비 잔액: 그외수입으로 세입조치(세외수입시스템)

발생한 이자: 기타이자수입으로 세입조치(세외수입시스템)

〈이호조 반납 절차〉

반납품의 – 반납결의 – 반납고지서 출력 – 회계과 제출(지출원 날인 – 반납고지 – 납입)

〈세외수입시스템 반납 절차〉

반납품의 – 징수결의서 작성 – 세외수입 고지서 출력 – 반납고지 – 납입

10. 견적서를 첨부하지
   않아도 된다고요?

수의계약 견적서 생략 가능 기준은?

"견적서를 첨부하지 않아도 된다는 말을 들었는데, 금액이 얼마이하인지, 그 규정은 어디에 있는 건지 모르겠어요."

업무를 하다 보면 이런 경우가 많습니다. 어디서 보기는 봤는데, 정확한 금액이 얼마인지 그 규정은 어디에서 본 건지, 누구에게 들은 말인지 정확하게 기억이 나지 않는 상황의 경우요.

안다는 것은 누군가에게 설명할 수 있어야 합니다. 우리는 막연하게 아는 것을 안다고 생각하고 있는 경우가 많지만, 누군가에게 말로 설명할 수 있을 정도가 되어야 안다고 할 수 있는 것이죠.

그런 의미에서 여기에서는 2가지만 확실히 알고 넘어갔으면 좋겠습니다.

견적서 생략이 가능한 금액 기준과 이 기준이 어디에 나와 있는지 근거의 정확한 명칭. 이 2가지만 알고 넘어가세요.

200만 원, 지방계약법 시행규칙 제33조

견적서 생략 가능 기준은 200만 원이고 지방계약법 시행규칙에 나옵니다. 우선 200만 원과 지방계약법 시행규칙이라는 사실만 알고 아래 규정은 눈으로 쓱 지나가듯 읽어봐 주세요.

「지방자치단체를 당사자로 하는 계약에 관한 법률 시행규칙」 제33조(수의계약 체결 시 견적서 제출 생략의 대상)

1. 전기, 가스, 수도 등의 공급계약을 체결하는 경우
2. 추정가격이 200만 원 미만인 물품의 제조·구매·임차 및 용역 계약을 체결하는 경우
3. 추정가격이 200만 원 미만인 물품을 「여신전문금융업법」에 따른 신용카드로 구매하는 경우
4. 국가 및 다른 지방자치단체와 수의계약을 체결하는 경우

이 규정에서 1항, 4항은 한 번만 읽으면 기억하게 됩니다. 전기, 가스, 수돗물처럼 국가에서 관리하는 자원은 견적서가 필요 없다고 기억하게 되는 셈이죠. 국가나 다른 지자체와 수의계약을 체결할 때는 견적서를 생략할 수 있음을 한 번만 이해하면 됩니다.

업무 중 헷갈리는 건 2항, 3항에 나오는 200만 원입니다. 이 금액이 기존에 100만 원이었기 때문에 회계를 조금 안다고 하는 직원들도 막상 견적서 생략 가능 금액이 얼마였더라? 하면서 업무를 할 때는 다시 찾아보게 됩니다.

견적서 생략 기준은 100만 원이냐? 200만 원이냐?

200만 원입니다. 이 부분을 읽었으니 이제 200만 원으로 기억해 주세요. 견적서를 생략할 수 있는 건들이 있다면 견적서를 2곳이 아니라 1곳에서만 받아도 되는 기준도 있지 않을까요?

1인 견적이 가능한 기준은?

견적서는 금액 비교를 통해 구입 판단을 도와주는 정보입니다. 단가와 총액, 부가세 같은 정보를 담고 있는 서류입니다.

계약이나 물품 구입을 위해 견적서는 2인 견적을 받아서 비교하게끔 되어 있지만, 예외적으로 1인 견적으로 가능하다는 규정이 있습니다. 원칙은 비교 견적이 원칙입니다. 예외 규정을 자꾸만 이야기하게 되는 이유가 있는데, 원칙은 단순해서 기억하기 쉽지만 예외 규정 때문에 실무적으로 어려워지기 때문입니다.

결국 회계가 헷갈리는 이유는 예외 규정 때문입니다. 여기에서는 1인 견적이 가능하다고 나와 있는 규정을 먼저 볼까요?

「지방자치단체를 당사자로 하는 계약에 관한 법률 시행령」
　제30조(수의계약대상자의 선정절차 등)

① 지방자치단체의 장 또는 계약담당자는 수의계약을 체결하려는 경우에는 2인 이상으로부터 견적서를 받아야 한다. 다만, 다음 각 호의 어느 하나에 해당하는 경우에는 1인으로부터 받은 견적서에 의할 수 있다.
2. 추정가격이 2천만 원 이하인 공사, 물품의 제조·구매 및 용역의 경우. 다만, 다음 각 목의 어느 하나에 해당하는 기업 또는 조합과 계약을 체결하는 경우에는 추정가격이 5천만 원 이하인 경우로 한다.
가. 「여성기업지원에 관한 법률」 제2조제1호에 따른 여성기업 또는 「장애인기업활동 촉진법」 제2조제2호에 따른 장애인기업(이하생략)

「지방자치단체를 당사자로 하는 계약에 관한 법률 시행령」 제30조 핵심 부분만 정리하면 이렇습니다.

1. 원칙은 2인 견적서입니다.
2. '1인 견적서만 받을 수 있다'고 되어 있습니다. '할 수 있다'로 끝나는 문장은 강행규정이 아닙니다. 해도 되고 안 해도 된다는 의미입니다. 결국 2인 견적서를 받았다고 해서 틀리지 않습니다.
3. 부가세 포함 2,200만 원 계약까지 1인 견적이 가능합니다.
4. 여성, 장애인기업, 마을기업은 5천만 원까지 1인 견적이 가능

합니다.

결론적으로, 견적서를 첨부하지 않아도 되는 기준은 200만 원입니다. 1인 견적이 가능한 경우는 부가세를 제외하면 2천만 원 이하입니다. 여성, 장애인 기업은 5천만 원까지 가능하고요. 정확한 근거가 필요할 땐 「지방자치단체를 당사자로 하는 계약에 관한 법률 시행령」 제30조, 같은법 시행규칙 33조를 다시 한 번 더 확인해 주세요.

마지막으로 견적서의 의미를 읍면동사무소 상황과 시청을 나누어 설명해 볼까 합니다. 읍면동사무소에서 계약담당자는 회계입니다. 회계 담당자가 업체를 선정하는 경우 경쟁이 아닌 단독으로 업체를 지정하여 가격을 흥정하여 계약하게 됩니다.

시청에서 견적서 의미는 조금 다릅니다. 사업 부서와 계약 부서가 다르기 때문에 사업 부서에서 2곳 이상의 가격조사를 하는 것은 필수입니다. 사업 부서에서 회계과에 계약의뢰를 할 때 2개 이상 가격을 조사하여 품의결재 시 산출기초조사서를 첨부합니다. 회계과 계약담당자가 사업 부서에 금액과 상관없이 견적서를 요청하는 것은 가격 조사를 위한 입찰서의 의미라고 보면 됩니다.

11. 카드대금이 5원까지
청구되었어요

카드로 "주유비를 긁었는데 77,155원이 결제되었어요. 5원은 어떻게 하면 될까요?"

법인 카드를 사용하다 보면 원 단위까지 결제되는 경우가 종종 있습니다. 원 단위는 버리고 지출을 하는 거라고 어디서 들은 것 같은데요. 어떻게 버려주느냐가 궁금해집니다.

5원은 어떻게 처리하면 될까요? 그리고
'원 단위는 버려준다'는 근거는 어디에 나와 있을까요?

「국고금관리법」의 끝수 계산, 「지방회계법」의 끝수 처리

끝수처리에 대한 규정은 2가지인데요. 국고금관리법과 지방회계법입니다.

> 「국고금관리법」 제47조(국고금의 끝수 계산)
>
> ① 국고금의 수입 또는 지출에서 10원 미만의 끝수가 있을 때에는 그 끝수는 계산하지 아니하고, 전액이 10원 미만일 때에도 그 전액을 계산하지 아니한다.

「국고금관리법」 제47조는 '계산하지 아니한다'로 문장이 끝이 납니다. 계산하지 아니한다는 말은 버려주라는 말입니다. 버려주라는 말의 의미는 알겠는데, 실무에서는 어떻게 버려줘야 할까요?

> 「지방회계법」 제55조(끝수 처리)
>
> 지방자치단체의 수입 또는 지출에서 10원 미만은 계산하지 아니할 수 있고, 전액이 10원 미만이면 0으로 처리할 수 있다. 다만, 세입금을 분할하여 징수하는 등 대통령령으로 정하는 경우에는 그러하지 아니하다.

「국고금관리법」과 「지방회계법」에서 말하는 끝수 처리에는 어감이 조금 차이가 납니다. 국고금 관리법에 나오는 문장은 '하지 아니한다'라고 끝이 납니다. 하지 아니한다는 강행규정입니다. 꼭 해야 한다는 의미죠. 지방회계법에서 말하는 '10원 미만은 계산하지 아니할 수 있다'라고 끝이 납니다. '아니할 수 있다'라는 말은 꼭 그렇게 하지 않아도 된다는 의미입니다. 그렇게 할 수도 있고 안 해도 된다는 말입니다.

그래도 10원 미만 원 단위는 버려주는 게 좋습니다. 그래야 나중에 결산할 때도 원 단위가 나오지 않습니다.

실무에서는 어떤 방법으로 진행해야 할까요?

77,150원을 지출한다

77,155원 중 원 단위 5원을 버리고 지출을 해 줍니다. 5원을 버린 77,150원으로 품의를 해서 지출해 주면 실제 카드 대금은 5원이 모자라게 됩니다. 5원은 카드 결제 통장에 카드 대금이 빠져나가기 전에 넣어놓으면 됩니다. 자신의 돈으로 10원을 은행에 주면서 5원만 넣어달라고 해도 됩니다.

은행에서는 거의 그렇게 해 주는데, 혹시 안 된다고 한다면 10원을 넣고, 다시 남는 5원은 분기별 이자 처리할 때 통장 이자와 함께 '공공예금 이자수입'으로 세입 처리를 합니다.

해결 방법은 다 있다

출장을 가서 카드 결제를 잘하고 왔는데, 원 단위까지 긁힌 영수증을 발견하게 되었을 때 기분이 어떨까요? 예상치 못한 번거로운 일이 발생할 것만 같은 예감에 당황합니다.

회계 업무에 익숙한 사람이라도 평소와 다른 경우를 접하게 되면 당연히 당황하게 됩니다. 그렇지만 해결 방법은 다 있다고 생각해 주면 좋겠습니다. 끙끙거리며 혼자 고민하지 말고, 곧바로 알만한 사람을 찾아서 물어봤으면 좋겠습니다.

네이버 검색창에 회계 관련 단어를 검색하면 99% 《예산회계실무》 카페를 연결합니다. 카페에 워낙 방대한 자료가 있어서 왠만한 질문은 예산회계실무 카페에서 다 해결됩니다. 혹시 많은 자료 속에서 딱 떨어지는 답변을 발견하지 못했다면 제 블로그에 물어봐 주세요. 카페에는 비밀 댓글 기능이 없어서인지 제 블로그에는 비밀 댓글로 물어봐 주시는 분들이 가끔 있습니다. 비밀 댓글도 언제나 환영입니다.

4장

회계와 함께
성장하자

"살면서 좀 더 쓸모 있는 사람.
남들에게 좀 더 좋은 영향을 미칠 수 있는 사람.
스스로 계속 성장할 수 있는 사람이 되기를 꿈꾼다.
열정은 그런 것이 아닐까? 그냥 주어진 일만 하는 게 아니라
나의 하루하루가 점점 좋아지는 것."

- 《배달의 민족》, 김봉진 대표

1. 일상에서 회계를 느끼자

오랜만에 만난 동료 팀장과 점심을 함께 먹었습니다.

마침 급여 날이라 오전에 입금된 월급에 관해 이야기를 나누기 시작했습니다.

"내가 자금 승인도 안 했는데, 대금이 빠져나갔어~."

카드 대금이 자신도 모르게 빠져나간 걸 이렇게 표현해서 점심을 먹던 팀장들이 함께 웃었던 기억이 있습니다.

일상에서 회계 용어로 대화를 나눠보는 건 어떨까요?

일상에서 회계 용어로 대화를 나누면 좀 더 친근한 상황이 전개됩니다. 단 유의할 점은 잘난 체한다는 오해를 불러일으킬 수도 있기 때문에 어느 정도 회계 수준이 비슷한 사람들과 대화를 시도하는 것이 좋습니다.

운동 근육도 단숨에 붙지 않는다

일주일에 3번은 헬스장에서 근력운동을 하고 있습니다. 주 3회 근력운동 습관이 2년 가까이 되어가지만 운동을 해도 근육이 단숨에 붙지는 않습니다. 회계도 짧은 시간에 익숙해지기란 쉽지 않습니다. 회계 업무가 조금 편하게 느껴지기 위해 아래처럼 회계 용어로 잡담을 즐겨 보는 건 어떨까요?

"우리 집 일상경비 출납원은 와이프라 와이프 승인이 안 나면 자금 집행이 안 돼~."

"이거 지금 안 사면 품절이야. 신속 집행이 관건이야."

"와이프에게 게임기 사겠다고 품의는 올렸어?"

"지역화폐는 자비 100% 내 업무추진비야. 먹고 싶은 거 있으면 다 말해~."

일 잘하는 사람으로 보이는 숫자력

『일 잘하는 사람으로 보이는 숫자력』(고미야 가즈요시, 2019, 비전 코리아)에서는 숫자에 익숙해지면 '숫자력'이 생겨 일 잘하는 사람으로 느껴진다고 합니다.

숫자에 익숙해지면 정말 숫자력이 생겨서 일 잘하는 사람이 될 수 있을까요? 숫자는 회계를 표현하는 도구입니다. 숫자가 회계의 전부는 아니지만, 숫자력이 있다면 일 잘하는 사람으로 느껴진다는 말에 공감했습니다. 그렇다면 회계에도 능숙해져 힘이 생길 때 '회계력'이라고 할 수 있지 않을까요?

회계력 상승을 위해 일상에서 회계 궁금증을 해결해 보는 건 어떨까요?

잘 되는 대박 가게가 있다면 월 매출이 얼마일지 상상해 봅니다. 맛집에 들렀는데 테이블이 꽉 찼고 회전율까지 높다면 한 번쯤 상상해 보는 겁니다. 과연 이 가게의 월 매출은 얼마나 될까 하고요.

월급날 나의 자금 승인도 없이 카드 대금이 빠져나가 버린다면, 재무계획을 통해 자신의 소비 패턴도 파악해 봅니다. 수입 대비 지출이 잘 편성되어 있는지, 예산서를 세우고 월급 결산을 해 보는 것입니다. 나와 어울리는 재테크 방법으로 연결해 보기도 하고요.

회계가 별건가요

회계 업무라고 하면 복잡하고 어려운 일 같지만, 회계가 뭐 별건가요. 회사에서 월급 받고, 식당가서 물건 계산하고, 밥 사 먹고, 저축하고, 가정을 꾸려나가는 일 전부에 회계가 녹아있습니다. 일상에서 우리는 발견만 하면 됩니다.

'당신의 자금 집행 승인 최종 결정권자는 누구인가요?'

'헬스장을 끊고 싶은데 최종 품의 승인권자는 누구인가요?'

'당신에게 지금 신속 집행하고 싶은 품목이 있나요?'

2. 법과 조례 보는 습관을 갖자

회계 업무를 하면서 항상 궁금했던 2가지

회계 업무를 하면서 제가 항상 궁금했던 2가지가 있습니다. 첫 번째는 어떻게 회계 처리를 해 주는 거지? 하는 것이었고, 두 번째는 그래서 그 근거는 어디에 나와 있는 거지? 하는 것이었습니다.

실무적인 회계 처리 방법과 그렇게 해야 한다고 나와 있는 회계 규정, 이 2가지가 항상 함께 궁금했습니다.

그때마다 근거를 찾아보자

일을 하다 보면 급한 업무를 해결하느라, 근거 찾는 일은 소홀하게 됩니다. 금방 해결되면 근거 규정이 필요하지 않은 경우도 많습니다.

회계 업무를 할 때 법과 조례를 가까이했으면 하는 바람이 있습니다. 바로 2가지 이유 때문입니다.

첫째, 제대로 알고 넘어가기

둘째, 성장하는 느낌

제대로 알고 넘어갔으면 좋겠습니다. 단순히 급한 업무만 처리하고 넘어가 버리면 다음에 똑같은 업무가 닥쳐도 다시 맨땅에 헤딩해야 하는데, 처음부터 다시 고민하는 시간은 효율적이지 않기 때문입니다.

근거 규정인 법이나 조례까지 한 번씩 확인하고 넘어가면 같은 곳에서 막히더라도 지난번과는 다른 해결 방법을 찾게 됩니다. 타당한 근거를 가지고 업무를 처리한다는 것은 자신만의 단단한 업무수행 방식을 갖추어 놓게 합니다. 성장하는 느낌을 받으며 일하고 싶으신 분이라면 법과 조례를 찾는 습관을 꼭 자기 것으로 만드시기 바랍니다.

근거를 표시해 놓고 기록하자

회계 담당자였던 제가 어떻게 회계 교육을 하는 강사가 된 것일까요? 조직 내 회계 담당자는 많았는데, 저의 업무수행 방식 중 다른 직원들과 달랐던 점은 무엇이었을까요?

누구는 회계 전문가가 되고, 누구는 그냥 회계 업무를 스쳐 지나가게 되는 걸까요? 스스로 질문해 보기 시작했습니다. 과연 언제부터였을까? 하고요. 곰곰이 생각해 보니 근거를 찾아서 표시해 놓고 기록하기 시작할 때부터였습니다.

직원 1명이 물어봤던 걸 다른 직원이 또 물어보니 필요에 의해서 기록하기 시작했습니다. 표시해 놓은 근거 규정이 쌓이면서 글로 쓰여 있던 지식이 제 것이 되었습니다. 처음에는 1명에게 설명해 주다가 10명에게 설명해 주었습니다. 10명에게 설명해 주다가 어느새 100명이 넘는 직원에게 회계 교육을 해 주기 시작했습니다. 기억을 믿지 않고 기록에 의지한 덕분이었습니다.

『기록의 쓸모』(이승희, 2020, 북스톤)에서 저자는 '기록의 쓸모'에 대해 스스로 질문하고 이렇게 대답했습니다.

"기록하는 시간은 자신을 객관화해주고 전보다 더 성실하게, 시간을 효율적으로 관리할 수 있게 해 줍니다. 무엇보다 기록을 남기는 삶은 생각하는 삶이 됩니다. 기록을 통해 내 경험을 다시 들여다볼 수도 있습니다. 그 과정에서 나의 쓸모도 찾을 수 있습니다. 모든 기록에 나름의 쓸모가 있듯 우리에게도 각자의 쓸모가 있으니까요."

저는 모르고 헷갈리는 것들을 표시해 놓고 기록한 과정들이 회계 전문가라는 정체성을 만들어 주었다고 생각합니다. 다른 사람 질문에 답하기 위한 준비였다기보다는 나중에 똑같은 것을 또 궁금해하는 자신을 위해서였습니다.

한번 기억해 놓으면 다음에 궁금할 땐 쉽게 기억이 날 것 같지만 실제로는 그렇지 않았습니다. 똑같은 부분에서 헷갈려하는 제 모습이 안타깝기도 했습니다. '그 기준이 100만 원이었더라? 200만 원이었더라? 소모품과 비소모품의 기준이 10만 원이었더라? 50만 원이었더라?' 하면서 말이죠.

기억에 의존하지 않고, 책에 표시하고 기록한 순간부터 그제서야 제 것이 되기 시작했습니다. 같은 부분에서 다시 헷갈려 본 경험이 있는 분이라면, 기억에 의존하지 말고 기록해 주세요. 포스트잇으로 책에 지저분하게 표시하는 방법을 추천합니다.

3. 예산서를 1/4 크기로
출력해서 휴대하자

작년, 재단에 회계 교육 강의하러 갔을 때 일입니다.

쉬는 시간에 질문을 받으며 수강생들 사이를 지나는 중이었습니다. 한 직원의 책상 위에서 작고 예쁜 예산서를 발견했습니다. A4 크기의 예산서가 아닌 1/4 크기로 출력한 예산서였습니다. 그것도 재단 예산서뿐 아니라, 시청 담당 부서의 예산서까지 함께 출력해서 가지고 다닌다고 했습니다.

작고 예쁘게 생긴 예산서를 가진 직원은 교육에도 집중하고 질문도 많았습니다. 회계 교육이 끝난 후 다른 궁금한 것들도 한참 더 설명해 주고 돌아왔던 기억이 있습니다.

저도 예산서를 작게 만들어 들고 다니던 때가 있었습니다. 그래서 당시 회계 업무에 열심이었던 제 생각이 나서 잠시 추억에 잠겼습니다. 예산서를 작게 만들면 어떤 장점이 있을까요?

교육을 마치고 나서 그 직원에게 물어봤습니다. 가지고 다니면 어떤 점이 좋냐고요. 예산이나 회계를 잘 모르더라도 자주 보게 된다고 했습니다. 자주 접하면 혹시 더 쉽게 다가올까 하는 마음이라면서요. 알고자 하는 마음이 실제로 알게끔 만들어 줄 것 같았습니다.

'끌어당김의 법칙'이라는 말이 있습니다. 제가 즐겨보는 유튜버 '하와이대저택'이 자주 하는 말입니다. 실제로는 『시크릿』(론다번, 2007, 살림비즈)에서 처음 나온 말로 '간절히 원하면 이루어진다'는 의미입니다. 예산서를 자주 들여다보고 궁금해하다 보면 눈에 보이지 않는 것도 들여다 볼 수 있지 않을까요? 1/4 크기로 출력해서 가지고 다니는 예산서에는 알고자 하는 열망이 담겨있기 때문에 자신이 원하는 것 이상의 회계 지식을 끌어당겨 올 것 같습니다.

손에 잡히는 예산서

우선 가지고 다니지 않더라도 작게 출력해 보면 어떨까요? 1/4 크기로 출력하면 한 손에 들어와서 손에 잡힐 것 같은 예산서로 만들어집니다. 내 손에 잡힌 예산서를 보고 있노라면 평소에 보이지 않던 동그라미 부기명도 보이고, 앞장과 뒷장이 비교도 되면서 사업명들도 한눈에 들어옵니다.

작아진 예산서에 형광펜으로 막 색칠을 해 보면 멀게만 느껴지던 예산이 조금 만만하게 보일 수도 있습니다. 실제로 제가 경험하기도 했습니다.

어렵게 느껴지는 회계 문턱을 낮추려면 우선 내 손에 잡히는 느낌이 들어야 합니다. 예산서를 작게 출력해서 예산서에 나와 있는 사업별 이름을 비교해 봅니다. 사업별 통계목들이 어떻게 차이 나는지도 비교해 봅니다. 작으니까 한눈에 잘 들어옵니다. 예산서를 작게 출력해보기를 적극 추천합니다.

4. 평생 이 책 3권이면 된다

한때 V3 안랩 경영자였던 안철수는 어릴 적부터 궁금한 분야가 있으면 책부터 보는 습관이 있었다고 합니다. 어릴 적 바둑을 두고 싶을 땐, 서점에 있는 바둑 관련 책 50권을 읽고 기원에 갔다고 합니다.

처음엔 책에서 본 이론과 바둑 실전이 전혀 다르게 느껴져 애를 먹었지만, 바둑을 한수 한수 두어 나갈수록 책에서 본 이론들이 생각나면서 바둑판 위에서 살아 움직이고 있는 것처럼 느껴졌다고 합니다.

이후로도 안철수는 컴퓨터 바이러스 공부를 할 때도, 의학 연구를 할 때도 관련분야 책 50권을 읽고 시작하는 게 습관이 되었다고 합니다.

안철수 일화는 책 쓰기 분야 전문가들이 책을 쓰려면 관련 도서 50권 정도는 읽으라고 하는 말과 일맥상통했습니다.

회계는 이 책 3권만

저는 회계 교육 강의 때마다 '회계는 평생 이 책 3권이면 된다'고 말하고 다닙니다. 솔직히 회계 업무를 위해서라면 이 책 3권 말고도 참고해야 할 책과 자료는 많습니다. 하지만 그 책 모두를 다 볼 시간도 없을뿐더러 시간이 있다고 하더라도 재미없어서 다 볼 수는 없습니다.

이 책 3권만 일독한다면 이론이 이론으로 끝나지 않을 거라고 확신합니다. 제가 그랬습니다. 이 책 3권을 주말마다 출근해서 일독을 한 뒤로 회계가 살아 움직인다고 느껴졌습니다. 업무가 재밌어졌습니다. 그 기분을 함께 느껴봤으면 좋겠습니다.

혹시 회계에 관해 조금이라도 궁금하다면, 회계로 남들과 다른 실력을 키우고 싶다면, 회계 전문가로 성장하고 싶다면, 회계 초보 딱지를 떼고 단단한 공무원으로 거듭나고 싶다면, 이 책 3권이면 충분합니다.

「지방자치단체 예산편성 운영기준 및 기금운용계획 수립기준」

'행안부 예산편성 지침'이라고도 부릅니다.

이 책은 예산편성 기준을 설명해주는 책으로 행정안전부에서 매년 발행합니다. 책자를 각 지방자치단체로 보내주는데, 법제처 국가법령정보센터 사이트에 들어가도 쉽게 전체를 볼 수 있습니다.

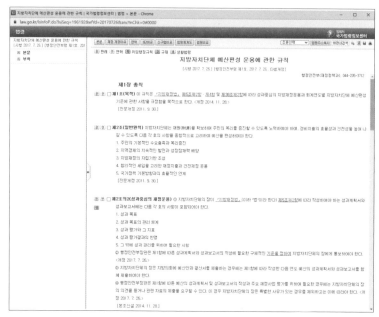

(출처: 국가법령정보센터)

「지방자치단체 회계관리에 관한 훈령」

구)세출예산집행기준과 구)재무회계규칙이 「지방자치단체 회계관리에 관한 훈령」으로 통합되었습니다. 「예산편성 운영기준 및 기금운용계획 수립기준」이 예산 편성에 관한 책이라면, 「지방자치단체 회계관리에 관한 훈령」은 회계 집행 기준에 대한 책입니다.

'집행 기준'이란 자금을 사용할 때 기준입니다. 자금을 쓰는 기준을 설명해 주는 책이라서 지출에 필요한 내용이 많습니다.

각 시「예산편성 세부지침」

지방자치단체마다 매년 예산편성을 위한 세부지침을 내놓습니다. 이는 각 시청 예산법무과에서 발행합니다. 각 시에서 발행하는 「예산편성 세부지침」 속에 나와 있는 기준을 참고해서 8월경에 다음 연도 본예산을 편성하게 됩니다.

본예산 편성할 시기에 읽으려면 내용이 방대해서 한눈에 들어오지 않을 가능성이 높습니다. 본예산 시즌이 되기 전에, 미리 일독을 권합니다. 시에서 발행한 예산편성 세부지침을 보면 "아~ 이래서 지난번 예산이 그렇게 편성이 된 거였구나" 하는 생각이 들면서 의외로 재밌게 느껴질 수도 있습니다.

재단이나 보조금을 받는 단체라면 ○○시「출자출연기관 예산편성 세부지침」을 참고하면 좋습니다. 출자출연기관 예산편성 세부지침이 별도로 마련되어 있지 않다면「○○시 예산편성 세부지침」을 참고하면 됩니다.「○○시 출자출연기관 예산편성 세부지침」도「○○시 예산편성 세부지침」을 참고해서 만든 내용이기 때문에 크게 벗어나지 않기 때문입니다.

개정되더라도 새 책으로 교체하지 말자

내용이 개정되어서 202X년도 책자를 다시 받게 되면 일반적으로 전년도 책을 버리곤 합니다. 개정된 내용이 있더라도 새 책으로 교체하지 않았으면 좋겠습니다. 개정된 내용 부분만 기존 책에 수정해 가면서 손때를 묻히는 나만의 책으로 만들어 보세요.

개정된 내용만 오려서 기존 가지고 있는 책에 붙이는 방법을 써 보면 어떨까요?

자신의 손 글씨가 늘어나고, 라벨지가 붙여지고, 모서리가 접힌 책은 애착이 생겨 자꾸만 들여다보고 싶어집니다. 이렇게 애정이 가는 자신만의 책 3권이 만들어졌으면 좋겠습니다. 별것 아닌 작은 습관을 반복하다 보면 어느덧 회계 지식이 늘어나, 그 누구에게도 휘둘리지 않는 단단해진 자신을 마주하게 될 것입니다.

5. 회계가 막히면 여기에 물어보자

〈예산회계실무〉 네이버 카페

　모든 회계 질문은 여기로 통한다는 네이버 카페를 알고 계시나요? 네이버 검색 창에 회계관련 단어를 검색만 해도 99% 이상은 이 카페에 적힌 글로 연결됩니다.

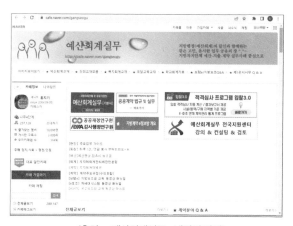

(출처: 〈예산회계실무〉 네이버 카페)

2004년 홈지기 개설

〈예산회계실무〉 카페는 2004년 홈지기님이 개설한 카페입니다. 이제는 워낙 유명해져서 전국 공무원, 공사, 공단, 재단, 보조단체에 근무하는 직원이라면 모르는 사람이 없을 정도입니다.

2004년 이전에 실무에서 손을 뗀 선배님이시라면 모르실 수도 있지만, 이때 이후로 업무를 시작하고 회계 궁금증을 네이버에서 한 번이라도 검색한 직원이라면 이 카페를 모를 수가 없습니다.

〈예산회계실무〉 카페는 업무를 하다가 궁금한 점이 있는 사람들이 검색을 통해 도움을 받기도 하지만, 대부분은 회계 계약 담당자, 보조금 관련 담당자들이 큰 도움을 받습니다.

홈지기님의 카페 시작 이유

2004년 카페를 개설한 홈지기님은 지금 퇴직을 앞두고 계십니다. 서울시 한 구청에서 과장으로 근무하시다가 공로연수 중이신 것으로 알고 있습니다.

이 카페를 개설한 이유에 대해서는 10년 전 회계 교육 때 들었습니다. 카페를 개설하기 전, 홈지기님은 계약과 관련해서 아주 큰 실수를 하게 되었다고 합니다. 자신의 실수를 통해 큰 깨달음을 얻으시곤 다른 사람이 자신과 같은 실수를 하지 않도록 자료를 올리기 시작한 것이 이 카페의 시작이었다고 합니다.

카페 가입자가 기하급수적으로 늘어나다 보니 질문에 댓글을 달아주시기 위해 퇴근 후 집에도 못 가셨다고 합니다. PC방에서 자정까지 댓글을 달다가 귀가하셨다는 이야기는 아직도 생생하게 기억납니다.

그렇게 열정적으로 회계 질문에 도움 주시고, 관련 자료를 올려주셔서 지금은 25만 명 회원을 보유한 네이버 대표 카페가 되었습니다. 요즘 회계 담당자들 사이에서는 이 카페에 올라온 글이나 댓글들이 공신력 있게 느껴져서 소중한 근거 자료로 쓰일 때가 많다는 이야기도 들었습니다.

물론 카페 글을 곧바로 사용할 수는 없겠지만, 근거 규정이나 자료들이 워낙 잘 정리되어 있어서 큰 도움을 받고 있습니다.

홈지기님의 책 『예산회계실무 기본서』

홈지기님은 『예산회계실무 기본서』 (최기웅 외, 2021, 광문각)라는 책을 쓰신 최기웅 과장님입니다. 감사, 계약, 회계 분야의 세 분이 공저하신 책으로 카페 내용만큼이나 정리도 잘 되어 있습니다. 말 그대로 예산회계실무 기본서라 하기에

내용이 충실합니다.

2014년 서울신문에서는 회원 가입자 5만여 명을 자랑하는 〈예산회계실무〉 카페를 10년간 운영하면서 예산회계 공무원들과 사회복지시설 예산회계 담당자들의 멘토로 활동했다는 기사글이 있었습니다.

2014년 5만 명이던 회원 수가 2023년 3월 현재 25만 명입니다. 8년 동안 20만 명이 늘었습니다. 1년마다 2만 5천 명씩 늘어났고, 한 달에 평균 2천 명씩 가입자가 늘어났습니다. 하루에 평균 66명씩 늘어난 셈이죠. 전국 공무원, 공사공단, 재단, 보조단체에서 근무하는 직원들이 〈예산회계실무〉 카페에서 얼마나 많은 도움을 받고 있는지 알 수 있는 부분입니다.

6. 브랜드가 된 공무원

"모든 제품에는 브랜드가 있다. 우리는 브랜드만 보고도 그 제품을 신뢰한다. 이 때문에 기업은 브랜드를 만들고 인식시키기 위해 최선을 다한다. 그래서 기업의 가치를 곧 브랜드 가치로 평가하는 것이다.

물론 보고서에도 브랜드가 있다. 대충 읽어만 봐도 누가 썼는지를 짐작할 수 있는 것이 브랜드이며, 신뢰의 근간이 된다. 누구나 알수 있고 믿을 수 있는 나만의 브랜드를 만들어보자. 그런 생각을 하고 나면 작은 일 하나라도 소홀하지 않게 된다. 나만의 브랜드를 만들어가는 과정 자체가 개인의 한 차원 높은 발전 과정이 된다. "

- 『초보 공직자의 일머리』(방문진, 이비락, 2021) 중에서

요즘 어느 분야에서든 자신만의 고유한 정체성을 가져야 한다고 합니다. 일명 '퍼스널 브랜딩 시대'라고 하는데요. 공무원 조직에서도 자신의 이름이 브랜드가 된 분들이 있지 않을까요?

전국적으로 살펴보면 많은 분이 있겠지만, 여기에서는 두 분을 소개해 볼까 합니다. 회계통이 되고 싶다던 한 분과 이미 회계의 달인이 되신 한 분입니다.

재무·회계·예산통이 되고 싶었다

재무 · 회계 · 예산통이 되고 싶다던 분이 있었습니다. 『슬기로운 공무원 생활』(김철원, 마인드빌딩, 2020) 저자입니다. 책 속 공감가는 부분이 있어서 소개합니다.

"나는 이 조직에서 재무·회계·예산통이 되고 싶었다. 최고 의사 결정권자와 유력자의 입김으로 고유 업무가 쉽게 흔들리고, 그들로부터 고유 업무가 가볍게 여겨지는 것을 보면서, 혼자 생각해 본 조직 안에서의 진로였다. 게다가 공무원 일을 그만두는 그때까지 써먹을 수 있는 유용한 업무다. 이 업무에 통달하면 비효율적인 일에 동원되지 않을 수 있겠다는 기대를 가졌고, 익숙하지 않은 기본 개념을 잘 정리해서 조직원들과 공유한다면 나도 좋고 조직원도 좋고 조직에도 기여할 수 있겠다는 사해동포적인 생각을 했다.

하지만 지식 노동, 육체노동, 감정 노동 등 다방면으로 활용할 수 있는 노동력을 충분히 갖고 있었던 젊은 남자 직원에게 이 기회는 쉽사리 오지 않았다. 지금은 거의 포기했고, 복지 분야를 다음 전공으로 고려하고 있다. 잘될지 모르겠다. 나는 비록 뜻을 이루지 못했지만, 여러분은 직장 안에서 원하는 전공을 선택해서 전문가 수준의 직장인이 되기를 진심으로 기원한다. 개인, 다른 조직원, 조직 모두에게 이익이 된다."

『슬기로운 공무원 생활』 김철원 저자는 재무·회계·예산통이 되고 싶었지만 현실적으로 쉽지 않았다고 합니다. 다음 전공으로 복지 분야를 선택했다고 하는데, 이후 행보는 마음먹은대로 잘 되셨으면 좋겠습니다. 『슬기로운 공무원 생활』 저자의 글을 읽고 어떤 생각이 드셨나요? 저자가 되고 싶었다던 재무·회계·예산통을 한번 해 보고 싶으신가요? 마음의 동요가 혹시 조금이라도 일어난다면 회계 업무를 하겠다고 자진해 주세요. 업무를 적극적으로 해보고 싶다는 사람을 말리는 상사가 요즘엔 별로 없으니까요.

19년 동안 〈예산회계실무〉 네이버 카페를 운영하다

두 번째는 앞에서 이야기한 〈예산회계실무〉 네이버 카페를 운영하는 홈지기님입니다.

홈지기님은 2004년 9월 네이버 카페를 개설한 후 19년 동안 한결같이 많은 사람의 힘이 되어 주고 있습니다. 많은 사람이 이 카페에서 도움을 받고 있다는 사실을 잘 아시기 때문에, 오로지 책임감과 소명감으로 카페를 운영하고 있습니다. 카페 소문이 널리 퍼

지면서 행정의 달인으로도 뽑히고, 여러 표창도 받으셨습니다.

카페에 올라오는 방대한 양의 자료와 댓글들을 보면 이제는 회계뿐만 아니라 공공기관의 모든 정보를 이곳에서 얻을 수 있는 수준이 되었습니다.

카페를 통해 실력 있는 분들이 모이면서 함께 강의도 하고 책도 출간하였습니다. 최근에 나온 책이 『예산회계실무 기본서』입니다. 저는 이 책이 나올 당시부터 곁에 두고 보고 있습니다. 예산에서부터 회계, 계약까지 내용이 짜임새 있고 알차서 큰 도움이 되고 있습니다.

『예산회계실무 기본서』는 이름 그대로 수험서같이 구성되어 있어서 회계 초보가 보기엔 조금 와닿지 않을 수도 있습니다. 그럴 경우, 제 책인 『공무원이여 회계하자』이 책을 먼저 읽어준다면 회계 업무가 조금 더 친근하게 다가오리라 생각합니다.

예산회계실무 카페 내용이 어렵게 느껴지는 독자라면 제 블로그에 올려놓은 회계 관련 글을 먼저 읽으셔도 좋습니다. 실제로 이런 댓글이 있었습니다.

"너무 회계 초보라 예산회계실무 카페 글이 어렵게 느껴졌었는데, 블로그 글을 읽고 회계에 대한 감이 많이 잡혀가는 기분입니다."

도움을 주고자 하는 마음이 '달인의 길'로 이끌다

브랜딩을 억지로 하고 싶다고 자신만의 고유한 브랜드가 만들어질까요? 홈지기님의 삶을 보면 도움을 주고자 하는 마음이 달인의 경지에 이르게 했다는 생각이 듭니다. 홈지기님은 공무원들 사이에서 '회계의 달인'이라고 불리는데, 카페를 개설해서 정보를 모아두고, 도움을 요청하는 사람들의 댓글을 달아주다가 '회계 달인'이 되었습니다.

골프 선수 박세리를 보고 자라난 세대가 박세리 키즈라면, 전 홈지기 키즈입니다. 홈지기님이 만드신 〈예산회계실무〉 카페 덕분에 회계 실력을 쌓을 수 있었고, 지금 이렇게 회계 관련 책까지 쓰게 되었으니까요.

개인적으로 친분 있는 사이는 아니지만, 〈예산회계실무〉 카페 덕분에 업무를 수행하는 내내 도움을 많이 받았고, 그렇게 무럭무럭 성장하였음을 말씀드리고 싶습니다.

7. 공직 내공은 회계를
   만날 때 생긴다

공직 내공이란?

공직 내공이란 무슨 뜻일까요? 우선 '내공'이라는 단어의 사전적 의미부터 한번 살펴보겠습니다. 국어사전에 의하면 내공이란, 오랜 시간 무예 따위를 숙련해서 다져진 힘과 기운, 오랜 시간의 경험을 통해 쌓은 능력을 의미합니다.

> 내공이란?
> - 오랜 기간 무예 따위를 숙련해서 다져진 힘과 기운
> - 오랜 기간의 경험을 통해 쌓은 능력

오랜 기간의 경험을 통해 쌓은 능력이 내공이라면 공직 내공은 어떻게 가질 수 있을까요? 저는 공무원이 처음 되었을 때 민원팀이었습니다. 면사무소로 발령받은 신규 직원에게 줄 수 있

는 업무라는 게 지금 생각해보면 많지 않았겠구나 라는 생각이 들지만 그 당시에는 더 큰 업무를 해 보고 싶다는 생각을 하기도 했습니다.

물론 지금은 신규 직원을 배려해서 준 업무였다고 생각합니다. 2년 정도 민원팀 업무를 배워가면서 모르는 분야를 알아간다는 게 흥미로웠습니다. 하지만, 이 업무를 계속 해 나간다고 해서 성장을 한다거나 내공이 쌓이겠구나 하는 생각은 하지 못했습니다.

민원팀 업무를 하던 시기는 민원인을 접하는 최일선에 있기 때문에 주민등록, 인감, 세무 등 여러 가지 업무를 배우면서 공무원이 되기 전 주민센터를 바라만 보던 시각과는 많은 차이가 있다는 걸 알게 된 뜻깊은 시간이었습니다. 하지만 어떤 업무든 일의 의미가 있다는 깨달음을 알기에는 나이도 어리고 미성숙한 상태였습니다.

나다운 업무를 해 보고 싶다는 생각도 컸지만, '내공이 쌓인다'는 느낌의 업무를 해 보고 싶었고, 나를 성장시켜 줄 업무를 하고 싶다는 생각이 컸습니다.

그런 생각을 하며 선배들이 일하는 모습을 보면서 제 모습도 상상해 보곤 했는데요. "저 업무 내가 하면 어떨까? 이 업무는 어떨까?"를 대입해 보면서 만난 업무가 회계 업무였습니다.

찾아 헤매던 업무가 이 업무인가? 싶었습니다. 알아가면 알아갈수록 점점 더 공부하고 싶어지고, 더욱 더 궁금한 점이 생겼기 때문입니다. 누가 시키지도 않은 공부를 하고, 주변 질문에 답을 찾아서 해 주다 보니 내공이 쌓이는 기분이 들었습니다. "아~ 이런 게 내공이구나. 이런 게 실력이 쌓이는 기분이구나." 하는 느낌이 들기 시작했습니다.

공직 내공은 회계를 만날 때 생긴다

미처 가 보기 전에는 저도 알지 못한 길이었습니다. 모르는 것보다 아는 것이 많아진다는 느낌이 든 지점이었을까요? 어떤 업무도 두렵지 않게 느껴진 지점을 만났습니다.

그즈음 이런 생각이 들었습니다. "회계를 탄탄하게 해 놓으면 공직 내공이 쌓이겠구나" 하는 생각이요. 물론, 지금은 알면 알수록 모르는 것투성이고, 알아가면 알아갈수록 부족하다는 생각이 듭니다. 그럴 때면 포기하고 싶어지는 게 아니라 더 알고 싶어져서 다행이긴 합니다.

● 회계에 관해 궁금해하다 보면 예산이 궁금해지기 시작합니다. 왜냐하면 예산이 잘 편성되었는지를 알고 있어야 예산에 맞게 회계 집행이 잘 이루어지는지를 판단할 수 있기 때문입니다.

● 회계를 공부하다 보면 회계에 여러 가지 파트가 있다는 걸 알게 됩니다. 지출과 계약이 다르다는 사실도 깨닫게 됩니다. 자금

이 최종적으로 나가는 지출 분야와 원인행위를 하는 계약 분야가 비슷하면서도 다르다는 사실도 눈에 들어오기 시작합니다.

● 회계를 알기 시작하면 각 부서의 사업이 보이기 시작합니다. 사업의 시작이 예산편성이고, 사업의 끝이 회계 정산검사라는 사실을 알게 됩니다.

하루 중 8 근무시간이 행복해야 삶이 행복하다

'공무원은 급여가 낮으니 일은 대충하고 나머지 시간을 행복하게 보내자'라는 생각으로 입사한 직원들도 있을 거라고 생각합니다. 물론, 자신의 성향에 맞는 삶의 방식을 선택해서 살아가면 된다고 생각합니다. 삶에는 정답이 없으니까요.

그래도 하루 중 많은 부분을 차지하는 근무 시간이 행복해야 하지 않을까요? 그래야 나머지 삶도 행복할 수 있지 않을까요? 출퇴근 시간까지 포함해서 하루 중 10시간 가까이가 맘에 들지 않는데, 과연 나머지 시간으로 알찬 하루를 보냈다고 할 수 있을까요? 그 하루를 스스로가 만족할 수 있을까요?

우리는 하루에도 여러 가지 역할을 해내며 살아갑니다. 직장인이기도 하고, 딸이기도 하고, 부모일 수도 있고, 아내, 남편, 동생, 누나, 언니이기도 하면서요. 게다가 직장인이지만 사적 영역의 직장인이 아닌 공공분야에서 일하는 직장인이라 때때로 사회에서

따가운 시선을 받기도 합니다. 억울하거나 부담스러울 때도 있습니다.

공공분야를 스스로 근무지로 선택했으니 사명감으로 똘똘 뭉쳐서 희생하는 삶을 살자 뭐 이런 이야기는 하고 싶지 않습니다. 제가 그렇게는 못 살거든요. 다만 업무를 통해 즐겁게 성장하며 내공이 쌓이는 느낌을 받았으면 좋겠습니다. 단단하게 성장했으면 하는 바람입니다.

어떤 업무보다도 회계를 만났으면 좋겠습니다. 회계를 만나서 반짝 반짝 빛나는 삶을 살아갈 당신을 응원합니다.

8. 영어는 단어 공부,
   회계는 통계목 공부

공무원에겐 영어보다 회계가 중요하다

공무원 시험에 영어 과목을 100점 맞고 합격했다는 직원을 본 적이 있습니다. 영어를 잘하지도 즐겨하지도 않는 제가 들었을 때 영어 100점이 과연 가능한 일인가 싶었습니다. 그 직원의 영어 100점 비결은 의외로 간단했습니다.

영어 단어를 매일 외웠다고 합니다. 영어 공부에는 문법 익히기, 문장 해석하기, 단어 많이 외우기처럼 여러 가지 방법들이 있겠지만 그중에서도 영어 단어를 많이 익혀 놓는 방법을 선택한 듯했습니다.

공무원 영어시험에 말하기, 듣기는 포함되지 않으니까 충분히 영어 단어 많이 외우기는 좋은 방법인 듯합니다. 말하기, 듣기에서도 단어를 많이 알아놓는다는 건 분명 도움이 되었겠지만요.

그렇게 영어 100점을 맞고 공무원이 되었지만, 막상 실무에서는 영어보다 더 중요한 과목을 맞닥뜨리게 됩니다. 영어 공부를 위해 영어 단어 공부를 했다면, 회계를 위해서는 무엇을 공부해야 할까요?

회계 단어란?

회계에도 회계 단어가 있습니다. 바로 통계목입니다. 통계목이란 예산의 가장 작은 단위입니다.

"회계를 잘하고 싶은 데, 어떤 공부부터 하면 좋을까요?"

회계 강의를 할 때나 쪽지로 회계 질문을 받을 때 회계 공부에 대한 질문을 함께 받을 때가 있습니다. 그럴 때마다 제가 해 드리는 답변은 통계목 공부를 해 봤으면 한다는 것입니다. 영어 단어 공부하듯이 회계 단어 공부를 한다고 생각하며 통계목을 하나씩 차례차례 파헤쳐 보는 겁니다.

영어 단어만큼 그 수가 많지도 않고, 자주 쓰는 통계목은 정해져 있어서 용어의 개념도 파악할 수 있으니 회계 공부 방법으로 가장 쉬운 접근 방법입니다.

회계는 세계 공통어

『회계사 아빠가 딸에게 보내는 32+1통의 편지』(야마다 유, 2007, 비룡소)는 편지글 형식의 책입니다. 회계사 아빠가 딸에게 해 주는 이야기 중 '회계 기본 원리는 세계 어디에서나 동일하다'는 부분에 공감이 갔습니다.

> "회계는 외국어와 달리 세계 어디를 가나 기본 개념이 똑같거든. 말하자면 회계는 세계 공통어인 셈이야... 회사에서 일하는 모든 사람들은 이 회계 장부의 숫자를 위해 뛴다고 해도 틀린 말이 아니란다. 물론 회계의 프로가 되려면 많은 노력이 필요하지만 그 기본 개념은 몇 달 동안 공부하면 충분히 익힐 수 있어. 만약 네가 회사에 들어가거나 직접 경영에 뛰어들 생각이라면 회계의 기본 개념을 꼭 익혀 두라고 권하고 싶구나. 이만큼 효율적인 투자도 없을 거야."

회계사 아빠가 딸에게 외국어 이상으로 회계의 중요성을 말하고 있어서 기억에 남았습니다. 민간 회계와 공공영역에서 다루는 회계는 조금 다르겠지만, 공무원 세계에서 회계 업무를 익혀 놓는다는 것은 부동산, 주식 투자 이상의 가치가 있다고 생각합니다. 든든한 자신만의 자산이 될 테니까요.

통계목을 공부하자

『직장인이여 회계하라』(윤정용, 2016, 덴스토리)에서는 회계 공부를 파레토법칙에 적용해서 설명하고 있습니다.

이탈리아 출신 경제학자 빌프레도 파레토는 어떤 식으로 개미 집단을 나누어도 일하는 개미와 노는 개미가 20/80으로 분류된다는 사실을 발견했습니다. 이탈리아 전체 재산의 80%를 상류층 20%가 소유하고 있고, 대부분 기업의 매출 80%는 상위 20%의 고객이 일으키며, 회사 실적 80%는 20%의 우수사원이 올린다는 것입니다.

회계 공부에도 파레토 법칙이 적용된다고 합니다. 즉, 회계 처리는 거의 정해져 있어서 20%만 알아도 80%의 실무는 가능하다는 것입니다. 저도 이 부분에 공감합니다. 제가 생각하는 20%는 통계목 공부입니다.

통계목은 뭘까요? 2장과 3장을 읽고 여기까지 오신 독자라면 통계목은 익숙하실 겁니다. 통계목은 예산을 사용하겠다는 공문을 작성할 때 표 오른쪽에 있는 작은 단위입니다. 예산과목을 부서에서 통계목까지 6칸으로 표현했을 때 가장 오른쪽에 적힌 사무관리비가 통계목입니다.

부서	정책	단위	세부사업	편성목	**통계목**
예산 법무과	정책 사업명	단위 사업명	세부 사업명	일반 운영비	사무 관리비

    통계목은 어떤 것들이 있을까요? 자주 사용하는 통계목은 사무 관리비, 공공운영비, 자산취득비, 행사운영비, 행사실비지원금, 국내여비 등이 있습니다. 통계목 전체가 궁금하면「지방자치단체 회계관리에 관한 훈령」속 참고 자료 중 〈세출예산 성질별 분류(목그룹 · 편성목 · 통계목)〉를 참고해 주세요.

9. 회계 감사 사례
결과보고서를 챙겨보자

업무 중 짬이 날 땐

업무 중 잠깐 여유가 생긴다면 보통 무엇을 하시나요?

머리 식히기 위해 유튜브 시청이나 친한 친구와 SNS 수다 또는 옆 짝꿍 직원과 스몰토크? 아니면 카페인 한잔?

물론 다시 업무에 집중하기 위해 모두 필요한 활동입니다. 근무 시간 내내 일 집중이 잘 되면 좋겠지만, 사람의 집중력에는 한계가 있으니까요. 그래서 중간중간 쉬는 시간이 필요합니다. 학교 다닐 때도 50분 공부하면 10분은 쉬는 시간이 있었던 이유입니다.

머리를 식히고 나서도 뭔가 생산적인 무언가를 해 보고 싶다면, 회계 감사 사례 결과보고서를 살펴보는 건 어떨까요?

회계 감사 사례 훑어보기

모든 감사 사례를 훑어봐 주면 더 좋겠지만, 그중에서도 회계 감사 사례를 우선 한번 훑어보면 좋겠습니다. 이 책을 통해 제가 전하고 싶은 핵심 문장은 딱 1가지입니다.

'회계를 알게 되면 모든 업무가 쉬워진다'

회계 감사 사례를 훑어본다면 모든 업무가 쉬워지는 속도를 높여줄 수 있습니다. 회계 감사 사례를 읽는다는 건 회계의 큰 축을 한번 짚어주는 활동입니다. 예전의 저는 감사관에서 '감사 결과 통보'라는 제목으로 공람 문서가 올 때면 '회계 감사 사례'라는 컴퓨터 폴더를 따로 만들어서 관련 문서들을 모았습니다. 시간이 날 때면 폴더 안에 들어가서 사례를 열어 보곤 했습니다.

지금은 〈감사 사례 원문열람시스템〉에 들어가면 몇천 건이나 되는 방대한 자료들이 분야별로 정리되어 있습니다. 맘만 먹으면 얼마든지 정보를 취득해서 내 것으로 만들 수 있으니까 훨씬 쉬워졌습니다. 별도로 정리하거나 저장할 필요도 없으니까요.

물론, 정보 취득 방법이 쉬워졌다고 해서 공부하는 방법이 쉬워졌다거나 내 것으로 만드는 것이 수월해졌다고는 생각하지 않습니다. 쉬워진 방법을 활용하는 사람만이 자신의 것으로 만들 수 있을 테니까요.

다른 지자체에도 〈감사 사례 원문열람시스템〉이 다 있는지 모르겠습니다. 감사 사례 열람시스템이 없다면 예전에 제가 했던 방식처럼 컴퓨터 폴더를 만들어놓고, 회계 감사 사례를 모아놓는 방법을 한번 시도해 보세요.

우리가 일을 할 때 왜 머뭇거리게 되는걸까요?

우리가 일을 할 때 머뭇거리게 되는 이유는 무엇일까요? 아마도 감사에서 지적받지 않을까 하는 불안감 때문이라고 생각합니다. 신중히 최선을 다하며 업무를 한다고 생각하지만, 미처 생각하지 못한 부분 때문에 감사에서 지적받으면 억울하기도 하고 최선을 다한 시간이 허무하게 느껴질 수도 있습니다.

불안감을 미리 잠재워줄 방법으로도 감사 사례를 보는 건 어떨까요? 감사에도 패턴이 있어서 지적한 부분을 계속 지적하는 경우가 많습니다. 감사 사례 결과보고서를 각 부서에 통보해 주는 것은 같은 실수를 반복하지 않기를 바라는 의미로 감사관에서 보내는 예비 답안지 같다는 생각도 들었습니다.

감사 사례 제목만 우선 보기

지적사례 제목만 우선 훑어보면 궁금한 제목들이 보입니다. 그중에 자신과 관련 있을 만한 내용을 열어봅니다.

아래에 제목 몇 개만 나열해 보겠습니다. 이 중에 혹시 궁금한 제목이 있을까요? 궁금한 제목을 발견했다면, 그 내용만 보고 지나가도 충분합니다.

- 세출예산 통계목 집행 부적정
- 보조금 전용통장 이자 반납에 관한 사항
- 세입세출외현금 운영 관리 소홀
- 물품 구매시 일반지출결의서 사용 부적정
- 일상경비 교부절차 부적정
- 회계연도 독립의 법칙 위반
- 업무추진비 집행 부적정

모 기관의 일상경비 출납사무
회계감사 결과보고 차례

만화책 보듯 편하게 보기

회계 감사 사례라고 해서 마치 열공하듯이 볼 필요는 없습니다. 그냥 편하게 보면 됩니다. 어차피 짬나는 시간에 잠깐 훑어보는 거니까요.

어렵게만 느껴지는 회계 문턱을 조금이라도 낮추고 싶다면...
회계에 조금 익숙해져서 다른 업무를 편하게 느끼고 싶다면...
회계 업무에 대한 불안감을 조금 없애고 싶다면..

회계 감사 사례를 만화책 보듯 편하게 한 번씩 보는 방법을 추천합니다.

이 책은 몇몇 분의 배려로 완성되었습니다. 새내기 시절, 조직에 붙어 있기만 할 뿐 넓이도 깊이도 없는 연두색 이끼의 모습이었습니다. 연두색 이끼가 삶의 무게와 깊이를 더해 진한 갈색 이끼의 모습으로 변해가기까지 어른의 미소로 기다려주셔서 감사했습니다.

Special Thanks to.

1.

면사무소 회계담당자를 하고 있을 무렵, 시청 회계과에서 지출전문관을 공개 모집했습니다. 신청해 보고 싶다고 했을 때 흔쾌히 해 보라며 저와 잘 어울리는 자리같다고 해 주신 팀장님, 진심으로 감사했습니다. 당신 덕분에 제가 저를 넘어설 수 있었습니다.

2.

회계과 지출담당자일 때 취미처럼 심리학, 정신분석학책을 읽곤 했습니다. 그 당시 팀장님이 그러지 말고 대학원에 가서 심리 공부를 해 보라고 했습니다. 나중에 팀장 되면 가겠다며 괜찮다고 했지만, 당신이 보내줄 때 가라고 적극적으로 권유해 주셔서 공부를 무사히 마칠 수 있었습니다. 당신 덕분에 저 스스로 한 단계 넘어설 수 있었습니다. 감사합니다.

3.

이 책을 쓰라고 권유해 주고 끝까지 응원을 잃지 않았던 정서기, 정말 고마워. 그리고 그 시절 우리 한 팀이었던 홍서기, 이서기, 송서기, 김서기, 윤서기, 윤연구사 그리고 유주사보까지... 그대들의 응원이 없었다면 과연 내가 여기까지 올 수 있었을까. 앞으로 자기들의 회계 고민은 평생 애프터 서비스할게.

4.

글사세 8기 동기분들. 글 쓰는 삶이 지속 가능하도록 가까이에서 동기 부여해 주셔서 감사합니다. 부족한 글에도 힘찬 응원을 보내주셔서 첫 책을 완성할 수 있었습니다. 받은 은혜 이제 제가 돌려드리고 싶습니다.

5.

나의 룸메이트이자 소울메이트인 남편. 마누라 인생 첫 책 쓴다고 그동안 많은 것들을 외면했는데도 단 한번 싫은 소리 하지 않고 서포트해줘서 고마웠어. 우리 건강하고 사이좋게 오래오래 함께하자.

6.

출판사 대표님. 첫 만남부터 작가라고 불러주시고 기획서와 샘플 원고만으로도 이 책이 나오면 많은 분에게 유익할 것 같다고 말씀해 주셔서 감사했습니다. 첫 만남의 설렘 덕분에 끝까지 지치지 않고 올 수 있었습니다. 제가 저를 넘어설 기회를 주셔서 진심으로 감사드립니다.

7.

그리고 마지막으로 이 책을 구입해 주신 독자 여러분, 이 책을 구입하게 된 사연은 각자 다르겠지만 여러분의 선택이 저를 더 성장할 수 있도록 이끌어 주었습니다. 센스있는 당신의 선택에 진심으로 감사드립니다.

부록

1. 참고 및 인용도서

조은미,『인사의 다섯가지 시선』, 바이북스, 2022

고영성 · 신영준,『완벽한 공부법』, ㈜로크미디어, 2017

고다마 다카히코,『35살까지 꼭 알아야 하는 회계력』, 이아소, 2011

윤정용,『직장인이여 회계하라』, 덴스토리, 2016

노현태,『숫자로 일하는 법』, 인플루엔셜, 2022

데이비드 로렌스 프레스턴,『자신감 쌓기 연습』, 작은씨앗, 2011

유발하라리,『호모데우스』, 김영사, 2017

김민식,『매일 아침 써봤니?』, 위즈덤하우스, 2018

한근태,『애매한걸 정리해주는 사전』, 클라우드나인, 2022

하야시 아츠무,『회계학 콘서트, 왜 팔아도 남는게 없을까』, 한국경제신문사, 2013

칩히스 외,『스틱!』, 엘도라도, 2009

최기웅 외, 『예산회계실무 기본서』, 광문각, 2022

박정부, 『천원을 경영하라』, 쌤앤파커스, 2022

한근태, 『일생에 한번은 고수를 만나라』, 미래의창, 2013

은유, 『쓰기의 말들』, 유유, 2016

고미야 가즈요시, 『일 잘하는 사람으로 보이는 숫자력』, 비전코리아, 2019

이승희, 『기록의 쓸모』, 북스톤, 2020

유튜버, 〈하와이대저택〉 https://youtu.be/lzKeFKEaoBk

네이버 카페, 〈예산회계실무〉 https://cafe.naver.com/gangseogu

방문진, 『초보 공직자의 일머리』, 이비락, 2021

김철원, 『슬기로운 공무원 생활』, 마인드빌딩, 2020

야마다 유, 『회계사 아빠가 딸에게 보내는 32+1통의 편지』, 비룡소, 2007

「지방재정법」

「지방재정법 시행령」

「지방회계법」

「지방회계법 시행령」

「지방자치단체 회계관리에 관한 훈령」

「지방자치단체 예산편성 운영기준」

「지방자치단체 입찰 및 계약 집행기준」

「○○시 지방공무원 여비 조례」

「공유재산 및 물품관리법」

「○○시 물품관리조례」

「지방자치단체를 당사자로 하는 계약에 관한 법률 시행령」

「지방자치단체를 당사자로 하는 계약에 관한 법률 시행규칙」

「국고금관리법」

「지방자치단체 예산편성 운영기준 및 기금운용계획 수립기준」

「○○시 예산편성 세부지침」

2. 예산 · 회계 용어 해설

1. 회계연도 독립의 원칙: 회계연도 경비는 해당연도 수입으로 충당
   (예외: 명시이월, 사고이월 등)

2. 예산총계주의: 모든 세입 세출은 예산에 편성
   (예외: 기금, 세입세출외현금)

3. 목적외 사용금지: 예산편성된 목적대로 집행(예외: 이용, 전용, 변경)

4. 추가경정예산: 회계연도 개시 후 추가로 변경하는 예산

5. 성립전예산: 사업비 전액이 교부되었을 경우(지방교부세, 국도비보조금
   사업)

6. 준예산: 예산불성립시 전년도에 한하여 지출

7. 일반회계: 자치단체 재정운영의 가장 기본, 자치단체별 1개

8. 특별회계: 공기업 특별회계 등, 조례로 설치

9. 기금: 예산 원칙의 일반적인 제약으로부터 벗어나 특정 사업을 위해 보유
   운영하는 특정자금

10. 예산의 편성: 재정계획수립~예산안 확정까지의 전과정

11. 예산서의 단위: 세입세출예산서에 표기하는 모든 금액. 단위는 천원

12. 예산의 절사와 절상: 세입은 1천 원 미만 절사, 세출은 1천 원 미만 절상

13. 예산서 산출기초: 단위(원)×인원(명)×개소×회수(회)×일수(일)× 비율(%)

14. 일반지출 절차: 집행품의-원인행위-지출결의-지출

15. 계약지출 절차: 집행품의-원인행위-검사검수-대가청구-지출

16. 예산 배정: 세출예산 한도액을 통지하는 행위

17. 예산 재배정: 각 시, 읍면동으로 집행을 위임하는 것

18. 결산: 1회계연도의 세입세출예산의 집행실적을 예산과목구조에 따라 일정한 형식으로 계산 정리한 기록

19. 예산과목 구조: 지방예산의 세입 세출활동을 체계적으로 분류한 것

20. 세입예산 구조: 1회계연도에 발생할 금전적 수입을 미리 예측하여 예산 서에 금액으로 표기한 것

21. 세입과목 분류: 장, 관, 항, 목

22. 지방세 구조: 보통세/목적세, 도세/시군세/도세, 취득세, 등록면허세, 레 저세, 지방소비세, 주민세, 재산세, 자동차세, 지방소득세, 담배소비세, 지역자원시설세, 지방교육세

23. 세출예산 구조: 지출 재원을 기능별, 성질별, 기타경비 유형별로 분류

24. 세출예산 사업구조 분류: 정책사업 – 단위사업 – 세부사업 – 편성목 – 통 계목 – 산출근거 순으로 설정

25. 성질별 분류: 경비의 경제적 성질에 착안하여 분류, 편성목(8그룹, 38 개), 통계목

26. 편성목: 100 인건비, 200 물건비, 300 경상이전, 400 자본지출, 500 융자

및 출자, 600 보전재원, 700 내부거래, 800 예비비 및 기타(총 8개 그룹)

27. 통계목: 사무관리비, 공공운영비, 행사운영비 등 예산이 최종 집행되는 가장 작은 단위 분류체계

28. 지방예산편성: 집행부(예산의 편성), 지방의회(예산 심의,의결,확정)

29. 세입: 국가 또는 지방자치단체의 지출의 재원이 되는 모든 현금적 수입을 말함. 주된 재원은 세금이며, 세외수입 등이 포함됨

30. 세출: 한 회계연도에 국가 또는 지방자치단체가 그 목적을 수행하기 위한 일체의 지출을 말함. 세출에는 마을안길 공사비, 보조금 지급 등을 위한 지출이 있음

31. 본예산: 회계연도마다 예산안을 편성, 회계연도 개시 90일 전까지 의회 (국회)의 심의 의결로 성립된 당초의 예산

32. 세외수입 과목: 재산임대수입, 사용료, 수수료, 징수교부금수입, 이자수입, 재산매각수입, 기타수입, 지난년도수입

33. 국고보조금: 자치단체가 수행하는 특정 사업 또는 지출지원

34. 지방교부세: 자치단체 재원 보장, 재정력 불균형 완화

35. 균특보조금: 지역주민 삶의 질 향상 및 지역경쟁력 강화

36. 지출원인행위: 세출예산에 대하여 지출 원인이 되는 계약 및 법령에 의해 발생하는 채무에 대한 지출을 확정하는 행위

37. 계약에 의한 지출원인행위: 공사, 용역, 물품계약 등

38. 광의의 지출: 예산집행결정 행위, 재무관 지출원인행위로 확정된 채무를 이행하기 위하여 지출원이 금고에게 지출을 명하고 채권자에게 지급할 때까지 일체의 행위

39. 협의의 지출: 지출원이 지출을 결정하여 금고 또는 일상경비출납원에게 지급을 명령하는 행위

40. 지출결의서: 지출원이 지급명령을 위해 의사를 결정하는 서류

41. 지출결의서의 종류: 일반 지출결의서, 인건비 지출결의서, 여비 지출결의서, 구입과 물품 지출결의서, 공사 · 용역 지출결의서

42. 세입세출외현금: 세입도 아니고 세출도 아닌 임시보관 현금

43. 세외수입: 세입(수입) 중 세금이 아닌 수수료, 과태료 등의 수입

44. 실비: 사용한만큼 지급, 상한성은 있음

45. 소모품: 한번 사용하면 원래의 목적에 다시 사용할 수 없는 물품

46. 비품: 1년 이상 사용 가능하고 소모성 물품에 포함되지 않는 물품

47. 업무추진비: 기관운영, 시책추진, 부서운영, 정원가산 업무추진비

48. 업무추진비의 열거주의: 열거된 내용만 가능(시책, 기관운영업무 추진비에 해당)

49. 일상경비 교부: 지출원이 일상경비출납원에게 자금을 교부하는 경비

50. 일상경비 범위: 매년 1월 회계과에서 공문으로 통지

51. 명시이월: 사전 의회 승인 필요. 사고이월로 추가 이월 가능

52. 사고이월: 연도 내에 원인행위 필수. 의회 승인 필요

53. 소멸시효: 세금 징수할 수 있는 시효 5년이 지나면 소멸

54. 수입결의: 수입이 있으면 수입으로 입력해서 확정짓는 행위

55. 끝수처리: 10원 미만은 절사. 원단위는 이자처리시 함께 세입처리

56. 강사 기타소득: 특강 강사. 8.8%

57. 강사 사업소득: 반복적 강사. 3.3%

58. 출납폐쇄기한: 12월 31일

59. 출납 폐쇄기한의 예외: 1월 20일. 카드 대금 등

60. 업무추진비 접대비 한도: 공무원 3만 원, 민간인 4만 원(경조사 5만 원, 화환 10만 원 가능)

61. 자본적 지출: 건축물의 리모델링과 같은 개축, 냉난방기 신규 설치 등

62. 경상적 지출: 건물 또는 벽의 도장, 지붕의 대체 등 현상 유지를 위한 것

63. 기성금: 공사, 용역 계약 이행분에 대한 기성 대가를 지급하는 경우

64. 준공금: 공사, 용역 계약 이행이 완료되어 준공 대가를 지급하는 경우

65. 노무비: 공사대금 중에 노무비를 지급하는 경우

66. 세금계산서: 사업자가 물건을 사고 팔 때 부가가치세법에 따라 발행하는 영수증

67. 전자세금계산서: 세금계산서를 전자적으로 발급, 국세청 이세로에서 발급

68. 계산서: 부가가치세 면세사업자가 소득세법, 법인세법에 의해 발행하는 영수증

69. 현금영수증: 현금(지출 증빙)이 기재된 현금영수증을 발급받은 경우

70. 원천징수영수증: 소득금액, 수입금액을 지급할 때 지급받는 자가 부담할 세액을 미리 국가가 대신하여 징수하고 증명하기 위해 교부하는 영수증

71. 무증빙: 지출 증빙 서류가 없는 경우(예, 일상경비 교부)

72. 품의가능액: 예산배정액(예산현액)에서 기원인행위액을 뺀 금액

73. 일상경비 교부한도: 여비(1천만 원), 그 외 필요금액

74. 과목경정: 지출 후 예산과목을 변경하는 것

75. 분개: 비용, 부채, 자산 등 항목에 맞는 계정을 찾아 입력해 주는 것

76. 부기명: 예산서 상 동그라미, 통계목 아래 사업명을 보통 부기명이

라고 함

77. 예산배정: 예산 집행액을 월별로 예상해서 이호조상 입력해 놓는 것

78. 예산수시배정: 월별 예산배정액이 모자랄 경우 이호조상 배정액을 수정 요구

79. 자금배정: 지출을 위한 결의등록 전 지출액을 자금으로 받아놓는 것. 자금배정 승인은 품의담당자의 팀장

80. 업무추진비 공개: 기간운영업무추진비, 시책추진업무추진비(정원가산 ×, 부서×)

3. 월별 회계 업무 정리표

– 첨부

도서출판 이비컴의 실용서 브랜드 **이비락**樂 은 더불어 사는 삶에 긍정의 변화를 줄 유익한 책을 만들기 위해 노력합니다.

원고 및 기획안 문의 : bookbee@naver.com

무	1월	2월	3월	4월	5월	6월	7월	8월	9월	10월	11월	12월
ᅡ여 작성, 내부검토 결재												
(4월~9월), 1회 이상/3개월(10월~3월)												
~방서에서 연락옴, 홈페이지에 일정												
실시(토목산업팀, 청사총무팀)												
ᄎ												

ᅡ.

● 월별 회계업무 정리표 (*처리를 마친 해당 월에는 ○표로 표시)

처리일	업무명	알림	세부 업무
~매월 5일	4일까지 : 업무추진비 게시 - 채권별 홈페이지 공개	공문	업무추진비 게시(홈페이지-게시판관리-업무추진비
	5일까지 : 관용차량유류비(OO주유소)	X	유류비 결제, 유류카드로 결제(할인)
	5일까지 : 여비	X	여비 정산
	5일까지 : 야근매식비(OO김밥, OO반점, OO순대국),산불포함	X	매식비, 현금지출증빙으로 결제
	5일까지 : 홈페이지 사전정보공개(관용차량/분기)	공문	운전직 주사님이 작성(홈페이지-게시판관리-등록-
	5일까지 : 시민정보화교육 강사료 청구	공문	정보화 선생님께 서류 제출 받아 공문으로 제출
~매월 10일	7일까지 : 분기 지출계산서 제출	공문	지출계산서 제출(잔액증명서 발급)
	10일까지 : 기간제(직불제, 광고물) 국세청 홈텍스 신고	공문	매월 10일 홈텍스 통합 신고하여 기간제 급여 지출(이세출-현금 납부
	10일까지 : 전기요금(청사)	고지서	선수금 지급시에는 고지서 비전자문서 등록
	10일까지 : 세입세출외현금(주민등록, 대학민원, 복지카드)	공문	세입세출외현금, 수납승인-반환승인-이뱅킹 통지(3
~매월 15일	13일까지 : 시민방범순찰대 보상금 청구	공문	사무장님께 경유, 적용 금액 통보 및 청구서 제출 요
	15일까지 : 세입세출외현금(양곡-복지팀)	공문	세입세출외현금, 수납승인-반환승인-이뱅킹 통지(3
	15일까지 : 전기요금[민방위급수시설, 마을 화장실]-고지서 2장	고지서	고지서 지출
	15일까지 : 전기요금(가로등)-고지서	고지서	고지서-> 빌코리아로 변경[납기일 변경(20일) 및 제
	15일까지 : 전기요금(수리)-빌코리아	X	지출(재배정)
	15일까지 : 신속집행 추진현황 및 자체보고서	공문	신속집행 회의 후 보고서 작성
~매월 20일	20일까지 : 전기요금(가로등)-빌코리아	X	지출
	20일까지 : 우편요금-고지서 2장	고지서	서무에게 서류 받아 지출
~매월 25일	25일까지 : 축산차량 GPS 고지서	고지서	고지서 지출
	25일까지 : 청사 통신료(비상벨, 승강기, 위성) 고지서 3개	고지서	고지서 지출
	20~25가지 : 청사 6개 용역(소방, 승강기, 정수기, 전기, 복사기, 무인)	X	나라장터-기성금확인서-청구서-세금계산서
	28일까지 : 상수도요금(청사, 화장실)-선수금	고지서	선수금 지급시에는 고지서 비전자문서 등록
~매월 말	출장여비 집행실태 자체점검 결과보고(전달 여비)	X	전달 여비 정산내역 재 확인하여 내부공문
	목표관리제 에너지 사용량 제출	공문	시설배출량 제출(경유,휘발류, 청사전기사용량)
분기별 결제	신문구독료 3개	고지서	지출
	생수구입비 /분기별	X	생수구입비 /분기별/ 현장결제
	문구점(OO문구) /분기별	X	문구점(OO문구)/분기별/직접
	공구점(OO종합건재) /분기별	X	공구점(OO종합건재) /분기별/ 직접
	부가가치세 신고(13일)	공문	부가가치세 신고 및 입금 요청
	보통예금계좌 운영 자체점검(10일, 15일)	공문	10일 내에 자체점검 내부 결재, 15일 이내 점검표 작성하

	1월	2월	3월	4월	5월	6월	7월	8월	9월	10월	11월	12월
-등록-부서별), 채권별												
용차량 운영현황)												
신고 후 고지서 발행하여												
출 날짜 확인)												
청												
출 날짜 확인)												
동이체 신청 한전에 신청]												
겨 회계과 제출												

→ 뒤로

처리일	업무명	알림	세부 업
매년 초	소방계획 훈련 계획서 공문	X	업체에서 준 계획서 토대로 우리 정보 추가
격월	청사 소독	X	청사 소독(감염병예방 법률), 1회 이상/2개월
상반기	여름 전 에어컨 청소	X	업체 견적 후 업체 선정(보통 여름 전 시행)
상·하반기	소방 점검 1월, 7월	공문	공문 및 소방업체에서 연락옴
상·하반기	소방 교육(상반기-자체, 하반기-합동)	X	상반기 자체 교육하여 결과보고, 하반기는 등록 후 합동 훈련
상·하반기	물탱크 청소(상, 하반기-수질검사)	공문	업체에서 청소 후 등록
상·하반기	하자 검사 상하반기 계획 및 검사 실시	공문	계획 수립 내부 결제 후 사업부서에서 검사 3천 이상은 검사조사 작성
7월	승강기 점검 1회/년 (약 6~7월)	X	승강기 업체에 연락하여 신청 및 검사비 지
하반기	카드 포인트 처리	X	공문으로 요청 후 세외수입으로 세입 처리
하반기	가설건축물 연장신고	공문	공문 오면 처리
하반기	청사 내 카페	공문	공문 오면 처리
하반기	전기차 충전소 연장신고 (~23.2.20.)	X	기한 확인
하반기	ATM 연장신고(~23.12.31.)	X	기한 확인 후 은행에 연장신고 알림 후 처리
연 1회	ATM 수수료	X	내부검토 후 세외수입 고지서 발행
연 1회	전기차 충전소 수수료	X	내부검토 후 세외수입 고지서 발행
권한신청	이호조(회계,팀장,부서장), 세외수입, 공유재산	X	기존 공문 참고
담당자 변경	통장 인감 변경(회계 - 세입세출외현금통장, 팀장 - 부서예산, 카드, 공공요금)	X	기존 공문 참고
담당자 변경	부서장-사업자등록증(세무서), 세금계산서 대표자 변경	X	기존 공문 참고
담당자 변경	회계-승강기안전관리자, 팀장-소방안전관리자	X	기존 공문 참고
담당자 변경	빌코리아 변경, 세콤 변경	X	기존 공문 참고
부재 시	팀장 부재 시: 지출원 또는 일상경비 출납원 직무대행자 지정 보고	X	기존 공문 참고
부재 시	부서장 부재 시: 재무관 또는 분임재무관 직무대행자 지정 보고	X	기존 공문 참고

＊월별 회계업무 정리표 파일은 블로그 서가앤북(https://blog.naver.com/seoganbook)에서 내려받을 수 있습니